不要想太多 把買股

搭火車 系列 ˙

U0050285

江禮安 ——— 著

Getting into
stock market

STOCK

江禮安的
操作之路

獲利300%
的大波段月台操作法

CONTENT

第三章

操作黃金三角——資金控管

正確停損及加碼讓你賺大賠小

第四章

操作黃金三角——操作心態

不讓恐懼及貪婪主導你的投資決策

第五章

前言

如果你！
1. 看不懂線圖，也不知道圖表代表什麼意思
2. 花錢學了很多技術分析方法，卻沒有辦法獲利
3. 常常聽了財經台推薦的股票，但買了就賠錢
4. 看了新聞發布公司的利多買進，但總是事與願違
5. 坊間的書也看了不少，但是用了卻沒辦法獲利
6. 不知道什麼是，完整的技術分析操作流程
那麼這本書就是為你準備的。

　　金融市場魅力迷人，每個投入市場的投資人，都聽過一些爆賺神話，進而前仆後繼進入市場，都希望自己是其中一名幸運兒，但大多數的人都不是。這世界存在 80 / 20 法則，也就是 80% 的錢落在 20% 的人手裡，在金融市場裡，甚至說 100 名投資人，賺錢的可能不到 10 個甚至 5 個！如此小的比例，卻還是阻擋不了投資人瘋狂的進入市場，在抵擋不了虧損的浪潮，被大浪吞噬掉以後，留下的還剩什麼呢？

　　既然我有這個機會跟每位有緣的讀者分享一些操作上的心得，希望就能讓每一個人少走些冤枉路，都建立起正確的觀念，和一套有跡可循的方法，如果真的學不

會方法，那至少還有我 youtube 頻道上教的「定期定額」儲蓄型投資的方式，或是退出市場，把錢拿去佈施做一些善事，善心善行，自得善果，我想這樣子做，自己種的福田，未來的福報會回饋在我們自己身上，好過進了市場，然後提心吊膽，患得患失，失去生活品質，失去生活重心，最後還不一定如自己所願的獲利！

操作生涯可以體會人生，這是在我進市場四、五年後的感觸，賺的時候，好像登第風光，人生充滿了一片美好，好像連路上的小花都在對你微笑！你無所不能，勝利女神對你招手，相信這樣子的光景會一直下去！但當開始連續虧損，甚至大幅侵蝕本金，從負 10%，到負 20%，最後本金只剩 50% 甚至消失殆盡時，人生陷入絕望、黑暗，明明知道要停損，卻被斷頭，心裡只想掌握到下一波機會，然後就可以回本，甚至不要賺也沒關係，只要本金回來就好！所以操作可以在很短的時間嚐盡人生高低起伏。

因此，修行人常說修行的過程，看山是山，看山不是山，看山又是山！當你什麼時候知道，原來市場就是這麼一回事的時候，漲跌就是這麼一回事，賺賠都是其中理所當然的一部分，心不再那麼起伏時，那麼恭喜你，你程度又上一層了！

金融市場很自由，只要今天市場有開盤，每天都可以買賣，你要什麼時候進什麼時候出都可以，這其中最重要的就是「什麼時候進場」，「什麼時候出場」！

走勢好判斷，心態定勝負

　　而走勢很單純也只有 3 個方向，不是往上，就是往下，或是盤整，乍看之下是很簡單的，實際上也是這麼簡單，但為什麼獲利的人卻是少數？這一切都歸於心，心態的問題佔最大的原因，這在後面的章節我們會慢慢提到！

　　而既然行情只有 3 個方向，那我們從價格的走勢就可以找出一些規律，或是一些跡象，讓我們在適當的時機進場，賺到後面的行情，這就是技術分析在做的事，不需要算命，不需要預測行情，只要耐心的等待，發現它，然後進場，然後等待出場訊號！

　　而這本書敘述的操作系統就是價格走勢的自然波動，就如大自然有春夏秋冬，在市場裡頭也是如此，所有的基本面業績因素、政經因素，公司派市場派等主力人為干預，都是自然波動裡頭的一環，因此只要你能了解價格波動的定律，那你就可以站在對的那一邊，不需

要明牌，不需要內線！只需要學會該有的技術和大量練習！配合停損停利，就可以晉升為賺多賠少的贏家！

價格波動的定律，既然像是大自然的定律，因此只要有線圖的商品，都可以適用，各種金融商品也都是自然定律的一部分。

而完整的操作流程需要具備的 3 個要素，我把它稱為完整操作黃金三角

1. 操作系統
2. 資金控管
3. 操作心態

技術分析方法千百萬種，每種方法都有它的優勢，首先你需要找到自己適合的操作方式，這屬於第一項，操作系統，再來配合對的資金控管方式，才能賺多，賠少，而要讓操作系統和資金部位效益最大化，就需要正確的操作心態！否則就算你買在低點，後來也沒有辦法在好的位置出場，小賺不打緊，甚至還可能賠錢呢！

而大部分的投資人卻只知道追求操作技巧，不論是什麼技術指標，用極值找到最高點、最低點，還是什麼用特殊軟體找到買賣點……等等，事實上說穿了，技術分析只有兩種，順勢系統——確立趨勢，然後找到技術

面轉折點進場，逆勢系統——找到即將反轉位置進場。操作系統很重要，所以也是完整操作金三角一環，但如果忽略其他兩個要素，要長期獲利就不容易了！這也就是一般投資人為什麼不容易在市場上獲利的主要原因。

所以我將帶著你一步步建立系統化的操作流程。

第一步從價格波動的原理開始了解，知道了價格循環的藍圖後，我們再從中找到進出場點，然後建立起一套完整交易系統，這個思考邏輯是從宏觀到微觀，由大到小，由粗略到細緻，這對基礎的建立非常重要，未來要優化操作系統，要提升自己的操作能力就會很快。

第二步，了解資金控管方法，有對的資金配置，才能讓資金效用極大化，也才能夠大賺小賠，賺多賠少，而且資金控管又容易量化，這個部分的學習，可以說是簡單好學又有用。

第三步，了解各種操作心法，也就是建立起正確的操作心態！這個部分最不容易學，因為心法不是一個技巧，而是一種體會，自己有經驗才能內化，否則都只是文字上懂，覺得老生常談，但實際自己心裡不到位時，常常在關鍵時刻栽跟斗，或是錯失機會！這部分希望你我每個人都能好好體會！

日、週線為基礎，才能賺大錢

本書從淺入深，從宏觀進入微觀，並且是一個螺旋上升的建構學習，並非單純線性的往上堆疊，而是前面的東西與後面的東西有關聯，彼此互相呼應，這樣的學習方式，如果未來自己學習的時候，可以幫助腦中建構起一個完整的大樓，而不是片段零碎的小房間，基礎打穩，要進步，會非常快！

本書教的方式是可以操作大波段，而且進出場的價格，處於獲利最大風險最小的位置。不但可以適用於各種投資商品，包含國內外股票，ＥＴＦ，外匯，原物料，貴金屬都可使用，但是每種商品的特性不同，還是需要選擇適合自己，自己了解的商品！

在操作周期方面，本書操作的範例以日及週線為主。主要是日週線的波段較大，因此我鼓勵把週期放大，不要在短線的蠅頭小利上打轉。不過本書教授的方法可以運用在長短不同的操作周期。

　　我大學時代讀過 250 本以上的投資相關書籍，但是實際下場操作，還是多次歷經賠光的紀錄。我不斷的修正自己的操作方式，而發現一套良好的操作系統，有以下幾個特點。

1. 學過以後每一個人都看得懂
2. 勝率高
3. 風險報酬比高
4. 進出點位明確
5. 不需要特別買程式
6. 不需要特別買數據
7. 沒有贅招

　　我畢業於中正大學機械系，在大學的時候，我看了一本書叫《做窮爸爸與富爸爸》，裡頭提到，如果你想要賺大錢，只有兩條路，第一條路就是讓別人幫你工作，也就是成立企業當企業主，第二條路就是讓錢幫你賺錢，也就是靠投資致富。那時，我只是個大學生，根本不懂什麼叫做成立企業，但我發現只要年滿 18 歲，就可以去證券行開戶開始投資股票，沒有什麼其他門檻，不用管你什麼背景，或你有多少資金。我想這樣子，就可以讓錢來幫我賺錢。所以我開始跑圖書館，把所有

有關投資財經相關的書籍，幾乎每一本都看過，一直到畢業的時候，去繳回學生證，因為學生證就是我們的借書證，所以才看到借閱紀錄竟然借過 250 幾本的投資類相關的書籍，只有大概 6 本為了寫通識作業，所借的一些甲骨文之類的參考書。

那時候大學都有就業博覽會，以前老師學長就常說，機械是「工業之母」，很容易找到工作，的確是這樣子。但我發現所有機械相關的行業那麼多，不外乎就是傳統產業和科技業，傳統產業上班時間較固定薪水少，而科技業當爆肝工程師，沒有生活品質可言，都不是我要的！再加上不管是哪一種，都不可能在該行業賺大錢，所以我畢業後並沒有進機械的本行，我把從小存的壓歲錢，還有當兵存的錢全部投入了一個市場，叫做「外匯保證金」交易！

外匯保證金在台灣一直都沒有合法的經紀商，一直到這兩年台灣才有合法的外匯保證金交易，所以那個時候你只能做國外的，包含了香港、英國或是美國等等的經紀商，這其中有一個很大的風險，就是這些經紀商有的是所謂的空中交易所，也就是俗稱的對賭行，這些下單的單子，並沒有進到真的金融市場，而是在證券商公司裡頭做買空賣空的交易，可能是和公司對賭，也有可

能是和其他客戶對賭，雖然在國外是合法的，但如果選錯交易平台，也是很有可能就是被捲款潛逃之類的，而且他們都在國外要追討也不容易！現在不知道狀況是不是好了一些，畢竟從那半年之後，我就沒有再交易外匯保證金了，因為「賠光」了。

那個時候，我交易的那一家公司，提供了 200 倍的槓桿，槓桿的意思，就是說今天你如果買 200 元台幣的歐元，你只要付 1 塊錢保證金，就可以交易，這個 200 除以 1 等於 200，這就叫做槓桿 200 倍，如果能這 200 塊的歐元漲到 201 塊，那你拿出來的一塊錢是不是就賺了一倍，相對的如果 200 塊的歐元跌到 199 塊，那麼你的保證金 1 塊錢就全部賠光了，那如果跌到 198 塊呢？這就叫做「爆倉」，你要再倒賠一塊錢，如果你不補錢進去，之後就不能再交易了，這就是槓桿的雙面刃，賺的時候，給你槓桿的倍數獲利，賠的時候，也給你槓桿倍數的損失。

永遠不要輕乎心理壓力對實際操作的影響

我看到它網站上有模擬交易帳戶，所以我就馬上下載下來練習交易，我給我自己一個目標，如果我操作能把模擬帳戶的本金翻倍，那麼我再來下實單，這樣

應該是很保守的做法！以後進市場就無往不利，沒問題了。但事實上，這裡頭隱含了一些我現在回頭來看很大問題。我心想，我看了250本左右的書已經很厲害了，進入市場一定綽綽有餘。沒想到，第一個那個錢是虛擬的，所以賠錢也不會感覺痛，第二個因為錢是虛擬的，所以在操作口數上也沒有什麼資金控管，就是隨意的重壓，這樣子才會賺比較快呀！對不對？第三個就算賺到了錢，那個錢也是假的，真不快活，很想趕快用真錢交易呀！再加上那時候根本沒有一個完整的交易系統，雖然那些技術指標，那些理論，每個都懂，每個都能談上幾句，但事實上都是花拳繡腿，就像是有些人看球賽說的一嘴好球一樣，真的上場的時候，怎麼樣跟職業選手比呢？根本不可能！模擬帳戶賺賺賠賠，但一兩次的滿倉，就讓我帳戶翻倍了，那時還沾沾自喜，我可能很有天份？當然馬上就放真錢進去了，5,000美元，差不多就是當時的身家了！撐了半年，破產了.......。可能我看那麼多書，還是有一點用處吧？可以撐得久一點，要不然應該一個禮拜或一個月就畢業了！

當初和家裡說好，我要操作試試看，如果可行就繼續做，不行我就乖乖去上班，所以，賠光了，操作美夢宣告破滅！我去了期貨商去當期貨經紀人！當初會操作外匯保證金，就是因為覺得自己本金少，股票一張金額

大，漲得又慢，當然要這種高槓桿的賺的才快啊！事實上是自掘墳墓！期貨我以前只有在學校修過期貨選擇權的課程，也沒有實際操作過，比較不熟悉呀！應該可以去這個行業瞭解看看。那時候心裡想說，去到這個行業就可以學習到很多操作技巧，但我去了以後才發現這是兩個世界。

原來期貨經紀人或者是證券營業員，不需要操作技巧，而是需要業務能力，加上運氣，找人來開戶，找人來下單就好了，跟操作技巧一點關係都沒有。但做一天和尚撞一天鐘，我還是是很認真的上班。這段日子，也經歷了一些很有趣的故事，有遇過簽香港六合彩的，聽我說我在做期貨外匯等等，說他們有在代操（代客操作）外匯，原來把賭金匯到國外，就叫做外匯呀！還有遇過兄弟大哥，想要幫隔壁鄰居代操的小插曲。

不過真正的轉折點，應該就是有一次鳳山體育館辦了一場投資講座，大概是 5,000 人的場次，我也去了現場發傳單，我記得那個時候，好像是開戶就送 7-11 200 元的禮券，隔壁有一個人也在發傳單，我把我的傳單給他，他也發他的傳單給我，我一看是一個技術分析的講座，我想我對技術分析也有興趣，而且我還可以去發名片，一舉兩得！

但沒想到這免費講座，竟然打動我了，因為他講的東西，竟然是我看那麼多書，完全沒聽過的，所以我就決定去報名這個課程，也讓我走上現在的操作之路，雖然我現在使用的操作系統，也就是我的操作技巧沒有一招是課程裡頭教的東西，不過這也給我在技術分析上很多的啟發，還是感謝這個課程！學無止境，人外有人天外有天，還是要虛心受教！

後來我辭掉工作專心練功，一天看盤 10 個小時以上，甚至一天 14 個小時，有開盤就看，沒開盤就看國外商品、歷史線圖，持續至少 4 年以上，一直到現在累積看過的書應該有三、四百本，陸陸續續上過很多的課程，學習技術分析至少花費數十萬以上！所以我認為，如果機會的出現是偶然，需要運氣，但成功不是，成功除了需要機緣，更需要的持續不懈的努力！

記住！你永遠都會出錯，只是可以降低出錯機率

一直到現在我已經操作十年了，當全職操盤手也有六、七年，並且也開始教學的工作，我現在的操作是以台灣股票大波段操作為主，權證和台指選擇權為輔，因為股票是操作起來較簡單（商品屬性的問題），風險相對低的商品（主要是槓桿的問題），還有台灣市場容易

有漲停鎖死這種超額報酬，這在海外商品較少發生，以及開盤時間不長，不用 24 小時戰戰兢兢擔心行情的波動，波段操作也不用每天都需要盯盤，而且做對都是最大段的行情。但是不是不同商品就不能適用了呢？重點不在於操作的商品，而是要有一個完整的操作系統，因為價格波動的原理像春夏秋冬一樣是大自然的定律！所以只要有線圖的商品都可以操作。

不過在這裡我並不鼓勵大家像我一樣，一開始全職操作沒收入，會迫切想要賺錢，喪失冷靜，而要操作的好一個要素就是心平氣和，因此汲汲營營想獲利就會容易陷入過度交易，這在我們後面的章節會提到，這樣子操作心態上就已經歪了，因此這樣做的下場就是，我在一開始專職操作時，一度本金還腰斬過，並且承受非常大的壓力！

一般想學操作的人，我會建議有個收入，先讓自己能溫飽，同時撥出時間學習，學會了以後，還有收入可以增加資金部位，這樣一舉數得，也不容易讓自己陷入虧損就生活就會出問題的窘境！也不要對操作有一夕致富的幻想，操作比的是氣長，有些驚人爆賺的事蹟，那是因為這些高手已經有了穩定的操作技巧和操作心態，不知道培養幾年幾十年了，才能在關鍵行情逮到機會，

並且也要有他個人的福德因緣！而不是進來市場，就每天期待自己也是這樣，那是不切實際的。我們可以期許自己基本功練好，掌握到我們可以做到的行情，少犯一點錯（你沒聽錯，再怎樣都會有做錯的時候，如果你可以確定一個月都不犯錯，你就比比爾蓋茲有錢了，你知道嗎？），這樣在市場已經是前 1% 頂尖好手了，有機會爆賺的話，感謝老天，多做佈施，其他部分盡人事聽天命，俗話說：「命裡有時終須有，命裡無時莫強求。」，才不會讓操作的起伏影響到生活！

我把學習的這些東西，化繁為簡濃縮成最精華的部分，也就是我現在在用的操作系統，沒有濃縮的話，要談上 100 招也沒有問題，但問題是，招式有用嗎？好用嗎？

我認為市面上的書最大的問題就是資訊爆炸，一般讀者沒辦法分辨，哪些是有用的？哪些是沒用的？哪些比較重要？哪些比較次要？所以就需要花大量時間的整合歸納，才有可能變成自己的東西！而且也不是每個人花時間歸納，就可以歸納出什麼所以然，因此學習一套完整的課程，才是最省時，也省錢的方式，因為學會對的技巧可以避免賠不必要賠的錢，只不過外面也有很多騙錢的課程，我自己就上過，所以我們還是需要張大眼睛好好的分辨清楚！

7 個項目分析操作系統的好壞

在此列舉 7 個項目來分辨，你手上的是不是一個好的操作系統

1. 學過以後每一個人都看得懂

2. 勝率高

3. 風險報酬比高

4. 進出點位明確

5. 不需要特別買程式

6. 不需要特別買數據

7. 沒有贅招

＊學過後每一個人都看得懂

這一點聽起來像是廢話，但是我告訴你真的很多操作系統，就是你學過，也看不太懂，譬如說，有些操作系統是看感覺的，沒有量化的，有些盤中極短線的做法，看到買賣盤，有一些速度上的變動，然後去做動作，這種做法一般人是非常難學會，但會用那種方法的人會賺錢，所以這算是一種能力，但不算是一種系統，那個

人本人可能他用的蠻習慣的，但不是一個人人都有辦法使用的，因此不算是一個好的操作系統

* 勝率高

事實上操作勝率不高也可以賺錢，但這是心理層面上的影響，如果你 10 次操作只對 2 次，但是這 2 次都賺 10 塊，賠的那 8 次，都賠 1 元，那總結下來是不是賺 12 塊，是不是也可以賺錢？因此勝率這件事情不是絕對，但是如果前面 8 次都賠錢，你應該也不敢下單了。因此勝率高可以彌補心理上的問題，一般的操作系統勝率六七成、七八成算是合格。

* 風險報酬比高

風險報酬比的意思，就是每一次的損失，如果是固定的（因為我們可以停損），假設都是賠 1 塊的話，那獲利的時候可以賺多少錢。如果可以獲利 5 塊，那可以連錯 5 次，只要對一次就損益兩平了。如果可以獲利 10 塊，那可以連錯 10 次，只要對一次就損益兩平了。一般的當沖短線操作，風險報酬比通常是 2：1，賺 2 塊賠 1 塊，或 3：1 賺 3 塊賠一塊，就會就非常好了，甚至有的人賺賠比是 1：1，但如果是波段操作，可以拉高到 10：1、20：1，甚至運氣好的話可以到 100：1 到

200：1，因此我才會特別鼓勵波段操作。風險報酬比高，可以連錯很多次了，對一次就會損益兩平的話，心裡負擔是不是就會小很多，如果配合高勝率，就是一種提高獲利的方式，並且也比較容易站在獲利的那邊，這是一種降低心理壓力同時也可以提高獲利的方法！

＊進出點位明確

一個好的操作系統，老師看和學生看點位，一定是一樣的，因為有的操作系統是在某一個區間，或是在某一個狀況附近，那這樣子就會很模糊，會讓學習的人無所適從！

＊不需要特別買程式

有些操作系統一定要買他的軟體你才能使用，而且只有買賣點，可能你還不知道為什麼要進，為什麼要出這樣子就不會是一個好的系統，應該是要方法學會以後，可以利用一般的線圖來進行操作。

＊不需要特別買數據

這和上面的有點類似，但有些操作系統不是看線圖，它可能會需要買一些數據，像是券商資料、大戶資料，或者是一些交易所的資料，那需要特別去買才能看，這

樣又是被綁住，而且夠強大夠簡化的系統，甚至可以不需要看這些資訊，就能使用，這樣才是好的操作系統。

* 沒有贅招

這個市場上，如果你待久一點，你會發現高手都在某一些位置進場，真的有一些地方是一槍斃命的位置，我們學得各式各樣的方法，只是為了找出那些位置而已。而不是學了 100 招 1000 招，到後來還不是只是要買那個點而已，因此沒有贅招的意思，就是操作系統可以直搗黃龍，找出關鍵點位，然後進場、續抱、最後出場，就應該要這麼簡單而不是學一大堆招式！

月台操作法讓你勝多敗少

在這個章節裡，你將會學到：

了解什麼是最容易獲利的圖形

在不確定性的金融市場中，找到確定性

趨勢扭轉的兩大關鍵條件

看穿漲跌真相，不再是瞎子摸象

建立明確的價格循環藍圖

技術分析的核心精神

為什麼技術分析技巧不用太好就可以獲利

價格波動定律

在學習操作系統之前，我們必須知道價格波動的定律，知道了價格走勢有一定的軌跡，才能擬定操作系統。

我們來看看這張價格多空循環的走勢，我在每一個高低點都畫了一條橫線你看出什麼了嗎？

我們稍後再來解答這張圖。

你由這張走完一個循環周期的圖形看出了什麼？

　　既然我們進市場是想要獲利，那麼在開始學習操作技巧之前，我們先要了解價格走勢。了解看看，什麼是最容易獲利的圖形？如果我們知道什麼是最容易獲利的圖形，就可以在市場上找出來，我說的是發現它，而不是創造它，然後我們就跟隨它，就容易站在獲利的那一邊。

上漲趨勢中，任何一個點進場都會獲利

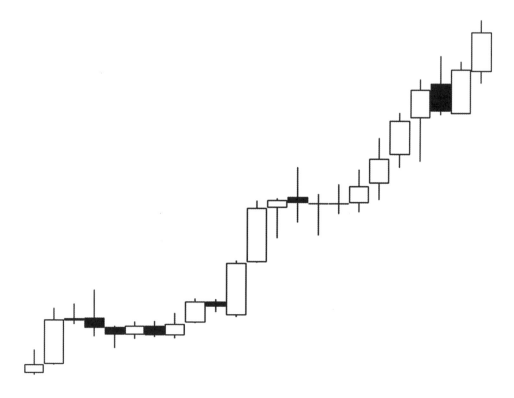

資料來源：凱衛 HTS

* 最容易獲利的圖形

在一個上漲趨勢中，你可以看到，上漲的 K 線用白色表示，下跌的 K 線用黑色表示，如果進場在這個圖形上的任一個點，然後抱到最後一根 K 線賣掉，都是獲利的。因此我們可以發現它，並在中途進場，是不是就是賺多賺少的問題，也就不容易賠錢。

有一個賠錢的可能，就是你看到這個圖形以後，你在最後一根 K 線進場，然後隔一根就反轉了，那麼我們就必須停損出場，這樣子是不是就很容易大賺小賠。

　　在金融市場裡可以做多，也可以做空，所謂的做空，在期貨市場裡比較容易理解，你如果認為未來會是上漲趨勢，那你就買進做多，你如果認為未來會是下跌趨勢那就賣出做空，就好像是一個猜邊的遊戲，猜上或是猜下！

　　在股票市場也可以依樣畫葫蘆，一般我們比較熟悉的就是看好未來會上漲所以買進，那如果看壞後市，覺得這支股票會下跌要怎麼做空呢？我們可以向證券商開信用戶，然後向證券商借股票來賣出，這就叫做「融券賣出」，未來股價如我們預期，跌到了比較低的價格，我們再去市場上買回股票，還給證券商，這個叫做「融券買進」或是「融券回補」。如果你還不太清楚的話，上網查詢，或是可以向你開戶的證券商詢問，他會很樂意幫你解答，我就不花篇幅來名詞解釋了！

　　在一個下跌趨勢中，我們一樣可以看到，在這個圖上的任何一個點進場做空，然後到最後一根 K 棒回補，最後是不是都是獲利的？

下跌趨勢中，任何一個點進場放空也都會獲利

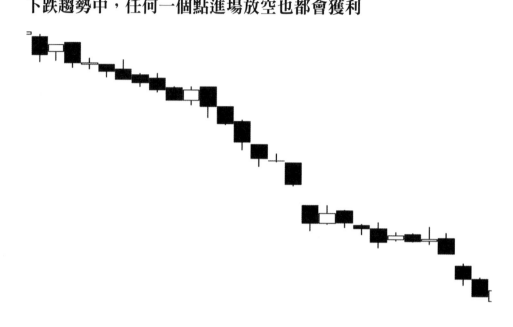

資料來源：凱衛 HTS

　　很簡單對不對？操作本來就是一件很單純的事，我們需要做的就是把有機會變成這樣的圖找出來，然後進場，設好停損點，知道怎麼樣退場，就這樣子！

　　但我們一般生活上所從事的活動，做的事好像都太複雜了，沒有這麼簡單的事，所以突然了解到這麼理所當然的事，大腦突然不會思考了，或是不知道要思考什麼了，沒有辦法接受這麼簡單的一件事情。

　　所以首先，我們的腦子就要先輸入這種最容易獲利

的圖形，我們不論用什麼方法，最終的結果就是把這種圖形找出來，並且操作到它。要不然找出來也是沒用的唷。

* 多頭趨勢

我們再進一步的剖析就像是照相機的 zoom in，zoom out，放大或是縮小，我們把圖再放大看看細部的結構。

底底高，峰峰高是上升趨勢

資料來源：凱衛 HTS

在一個多頭的上漲趨勢，我們也稱作上升趨勢，我把每一個波峰的最高點標註圓圈，每一個波谷的最低點，畫一條橫線，你有沒有發現，每一個圈，都比前一

個圈還要高，每一條橫線，也比前一條橫線還要高。

　　一個底比一個底高，一個峰比一個峰高，產生底底高，峰峰高。

GIS 2017 年日線圖，上漲過程中，都符合底底高，峰峰高

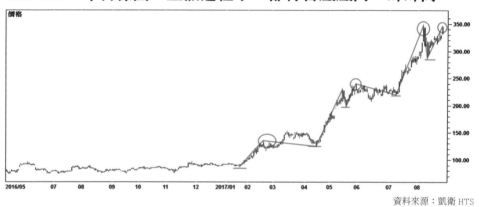

世芯 -KY 2017 年日線圖，上漲過程中，都符合底底高，峰峰高

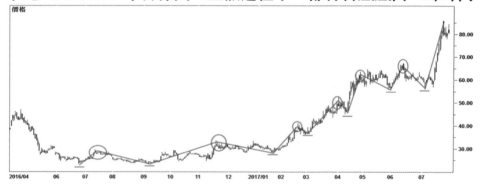

　　我們回頭看看這幾支股票，每一波的波峰最高點，

和每一波的波谷最低點，我們把它畫成折線圖，都是符合多頭趨勢，底底高，峰峰高，但是波形都不盡相同，原理雖同，但是容易進場後就迷失了，所以我們一定要清楚知道上漲的原理！

＊空頭趨勢

相反的，在一個空頭下跌趨勢，我們也稱作下降趨勢，每一個峰，都比前一個峰還要低，每一個波谷，也比前一個波谷還要低。一個底比一個底低，一個峰比一個峰低，產生底底低，峰峰低。

聯發科 2015 日線圖，下跌過程中，都符合底底低，峰峰低

資料來源：凱衛 HTS

上圖聯發科中間一度好像有轉多的現象，這要怎麼

處理呢？很簡單，分段做，或是另找投資標的即可。

這兩種現象！在上漲趨勢和下跌趨勢，「必定」會發生，這就是不確定性的金融市場中的「確定性」！

我們不知道未來的走勢會如何進行，但如果未來的走勢是上漲的話，就一定會符合底底高，峰峰高，如果未來走勢是下跌的話就會符合底底低，峰峰低。

知道這件事有什麼用呢？這就好像會使用汽車方向盤一樣，沿著路走，對的時候，不用轉向，當發現走錯路了，甚至要撞牆了，那趕快轉彎。如果走勢如預期的時候，我們在對的趨勢上，那就不要輕易的出場，而走勢不如預期的時候，我們會知道我們自己錯了，立刻退場！

我們都常常聽到操作要順勢操作，追隨對的趨勢是非常重要的事，也可以說技術分析裡頭就是在找趨勢的形成後的買賣點，所以我們當然要知道趨勢形成的定律。

接下來我們就來看看什麼時候趨勢發生改變，趨勢如何發生改變，這樣才可以在趨勢確立後，第一時間進場，第一時間出場，不會買在最高點，賣在最低點。

* 多空循環的兩大關鍵要素

我們了解了最容易獲利的圖形，也知道如果我們在最後才上車，很容易就會遇到行情反轉，而造成損失。有沒有什麼方法，可以在行情剛啟動的時候，我們就知道趨勢發生改變呢？

那我們就必須了解到行情什麼時候發生多空扭轉，什麼時候由空頭轉為多頭，或是由多頭轉為空頭，如果我們可以知道行情何時扭轉，我們就能即早上車，掌握到後面的行情！

當空頭轉為多頭的時候，就會產生：

底底低 轉 底底高

峰峰低 轉 峰峰高

這兩個條件順序可以對調，不一定哪一個條件先發生，但當兩個條件都發生以後趨勢就發生了扭轉。我們來看一下圖例。

在這張圖，原本下跌的趨勢中，底底低，峰峰低，之後產生了第一個要素，底底低轉為底底高，隨後，當走勢超過了倒數第二個圈，過高了以後，不用等到最後一個圈，我們就可以確定峰峰低轉峰峰高，那麼原本下跌的空頭趨勢就扭轉成為多頭趨勢了，多頭的循環就是這樣子產生的！

在底底高及峰峰高相繼出現後，空頭走勢就結束

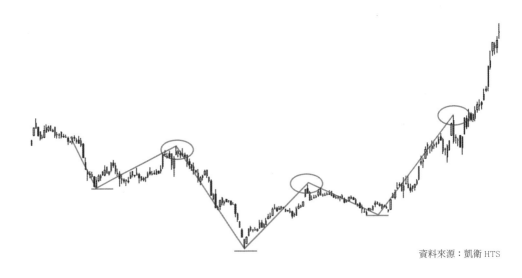

資料來源：凱衛 HTS

　　我們再來看看第二張圖，這和第一張圖有什麼不一樣呢？行情一樣從一個空頭走勢，底底低，峰峰低，重點來了，這一次是先峰峰低轉峰峰高，然後才是底底低轉底底高，兩個要素發生的順序不同了，但是當兩個要素都完成以後，我們可以在最右邊畫橫線的底，確定空

頭趨勢結束轉為多頭趨勢。

出現峰峰高，再出現底底高，也代表趨勢的改變

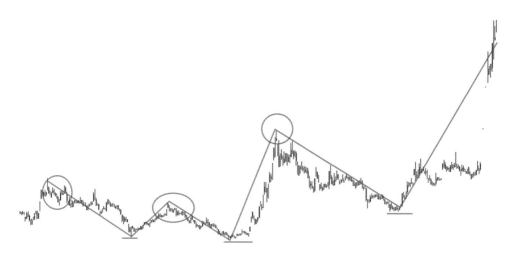

資料來源：凱衛 HTS

當多頭轉為空頭的時候，就會產生：

•底底高 轉 底底低

•峰峰高 轉 峰峰低

這兩個條件順序可以對調，不一定哪一個條件先發生，但當兩個條件都發生以後趨勢就發生了扭轉。我們來看一下圖例。

多轉空的型態（一）

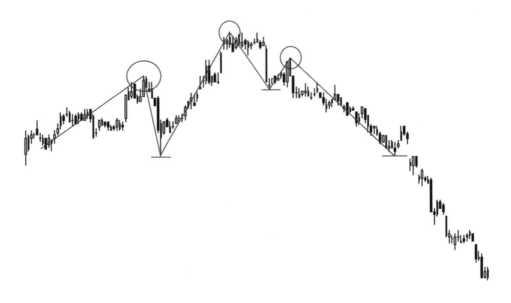

資料來源：凱衛 HTS

　　在這張圖，原本上漲的趨勢中，底底高，峰峰低，之後產生了第一個要素，峰峰高轉為峰峰低，隨後，當走勢跌破過了倒數第二條橫線，破底了以後，不用等到最後一條橫線，我們就可以確定底底高轉底底低，那麼原本上漲的多頭趨勢就扭轉成為空頭趨勢了，空頭的循環就是這樣子產生的！

　　和剛剛的空轉多一樣，我們也來看看第二種多頭轉空頭兩要素發生順序對調的情形。在這個例子，先產生了底底高轉底底低，才產生了峰峰高轉峰峰低。

多轉空的型態（二）

資料來源：凱衛 HTS

　　現在我們再來看看下面這張多空循環圖！是不是突然一目瞭然了呢？從左邊開始，上升趨勢 - 底底高，峰峰高到了最高點出現了多空扭轉，多轉空：底底高轉底底低、峰峰高轉峰峰低。

　　接下來又進入下降趨勢 - 底底低，峰峰低到了最低點出現空多扭轉，空轉多：底底低轉底底高、峰峰低轉峰峰高。

完整的多頭循環示意圖

資料來源：凱衛 HTS

　　所有金融市場的商品，都在這個價格波動的定律中，不斷的，不斷的循環，所以歷史會不斷的重演，會不斷的發生的。技術分析就在這其中找到對的點位上車，這就是價格循環的藍圖！

日圓的周線也適用價格波動的定律

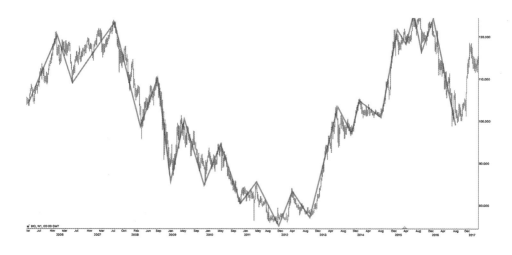

資料來源：凱衛 HTS

　　這是日圓週線圖，現在你會看價格循環藍圖了，是不是一樣符合價格波動的定律呢？從左邊的高點轉空下來，進入空頭趨勢，然後到低點以後，出現了空轉多的兩個要素，先出現底底高，然後再出現峰峰高，之後轉為多頭趨勢，再到了最高點，又出現了峰峰低，底底低，發生多轉空進入了空頭。

　　金融市場的商品走勢就像春夏秋冬：

　　春天播種，底部進場

　　夏天耕耘，多頭趨勢續抱

秋天收成，多轉空確立出場

冬天儲藏，空手等空頭趨勢結束，等待下一次進場機會！

短短的幾句話，已經道出整個操作的精髓，如果你是老手，一定心有戚戚焉，如果你是新手，記住這些話，等到你體會了，你就會變成老手！

月台操作法

接下來我們用另外一種方式來詮釋價格走勢的波動，而這種方式也可以建立起我們的初級交易系統，同時也可以用簡單的方式破解形態學。

我們都知道價格的走勢永遠只有 3 個方向，不是往上，就是往下，或者是盤整橫向發展。盤整橫向發展會在一個區間裡頭，就像是火車進入了月台，準備下次往上或往下出發。當火車開離月台，就會變成了北上列車或是南下列車。

因此用火車與月台比喻價格的走勢，就是火車一直不斷進入月台，之後駛離月台，在北上或是南下兩個方向交替循環！我們直接來看圖例。

股價走勢只有 3 種：上漲（北上列車）、下跌（南下列車）及盤整（停在月台）

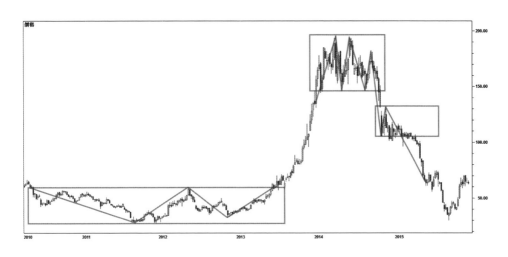

資料來源：凱衛 HTS

在傳統技術分析中，型態學是一個很常運用的方式，主要有 3 種類別，頭部，底部，和中繼型態。

在底部完成就會上漲，頭部完成後會下跌，中繼型態則是延續之前的方向，整理完，繼續前進。

而頭部型態又細分為 M 頭、三重頂、圓型頂……等，底部型態又細分為 W 底、三重底、圓型底……等，中繼型態也很多種，有旗型、楔型、箱型……等，如果詳細講下去，都可以另外寫一本書了！但是如果在任何位置用月台的方式帶入，根本不用管現在是頭部、底部還是

中繼，因為這都是事後才知道的。

　　只要在盤整區間畫成月台，然後觀察後續走勢往哪邊發展，火車未來也只會往兩個方向開，當火車進入月台後就等待，等火車發車了，我們才跳上去，要不然還不知道方向就急急忙忙的跳上車，那不就很危險嗎？

　　如果火車從屏東出發，到了高雄，我們想要北上，看他要準備往台南開了，這時我們才上車，如果對了我們就繼續坐在車上，希望他往台北開，最好開到日本去。如果錯了，又往屏東開呢？那麼我們就要趕快跳車，也就是停損賣出。因此只要觀察月台，順著火車的方向操作，自然就會站在對的那邊，而且也不用管形態學了，只要關注價格波動原理，和觀察月台，看火車往哪兒開，這樣就夠了！

＊多頭月台

多頭月台範例（一）

只要知道離開月台的方向就夠了

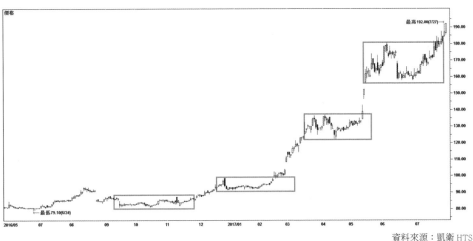

資料來源：凱衛 HTS

　　聖暉價格走勢從最下面的月台出發，就像火車開離月台，然後進入下一個月台休息停靠，之後再出月台後繼續開，在進下一個月台停靠，就這樣到最後一個月台又開出，要開到哪呢？不知道，最好一直開下去是吧？

多頭月台範例（二）

只看眼前月台的方向，不要預設高低點

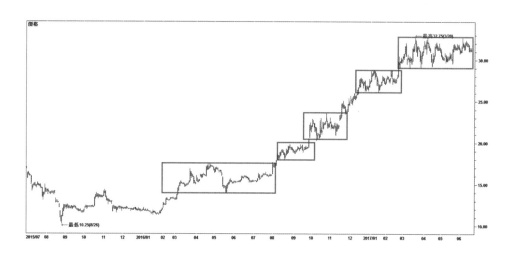

資料來源：凱衛 HTS

　　不同的股票，卻出現一樣的價格走勢現象，這就是技術分析為什麼可以用的原因，歷史不斷重演。我們可以看到這檔競國一樣從底部月台出發，一路停靠月台，然後再出發進入下一個月台，上升趨勢不斷延續，一直到最後一個月台，結束了嗎？不用預設立場，當北上列車反向出月台，轉為南下列車時，那就代表方向改變了！那我們就要趕快下車。如果繼續往北開呢？那我們就繼續待在車上不就好了嗎？操作就是這麼單純！

＊空頭月台

在空頭走勢中也是一樣的只是北上月台變成南下月台，當空頭確立，那麼列車就會不斷往南開，直到趨勢發生改變。

在最下面的一個月台，開始北上，那麼我們知道空頭趨勢暫時結束了。大成日線圖發生空頭趨勢，一樣的連續南下月台，一樣在最後一個月台變成北上，空頭趨勢暫時結束！

空頭月台範例

趨勢的反轉，也只看出月台的方向

資料來源：凱衛 HTS

到這裡我們可以先做一個簡單的統合，前面提到的

「價格波動原理」和「火車與月台」兩個面向，事實上是同一件事唷！

*月台的定義

當價格走勢上漲一個短期高點然後回檔，回檔到一個短期低點，再繼續上漲，產生一個N字的轉折，而這個N字的轉折的最高點和最低點，就形成了峰和谷，那麼如果趨勢延續，是不是就能發展成前面所說的，「底底高，峰峰高」。同時，這個峰和谷的水平延長線就可以畫成一個月台，一個月台需要涵蓋這個區域最高點和最低點延長線所碰到的每一根K線，這樣才是一個完整的月台畫法。而空頭中的下跌趨勢則是相反的倒過來！這是月台的簡單定義！

但是為什麼要分價格波動原理，和火車與月台，兩種方式說明呢？

價格波動原理是本，價格在走完的時候，必定符合其原理，但是要利用波動原理本身進出場，就有難度。因為你不會知道每個峰和谷要走到哪發生轉折，因此我們只用價格波動的原理來確立趨勢！確立趨勢才知道要站哪一邊。

而火車與月台則是可以讓我們發展出買賣點的策略出來！雖然月台只要有一個Ｎ字轉折，最高點和最低點就可以把月台畫出來，但如果要當作策略進出時，我們傾向於找Ｋ線在一定價格區間，橫向排列，形成一坨Ｋ線的月台，而不是找只要一個峰谷產生的簡單月台，因此後面提到的月台，大部分都是這種區間明顯，一目了然的月台方塊！

先找到月台，就容易判斷走勢

資料來源：凱衛 HTS

47

而且在實際交易時，有時候並不會只是單純用最高點和最低點，有時候會用收盤價，或是用通過最多個價格接觸的水平位置當作月台邊界！一開始學習時候先用死板的高低點定義，等熟練以後眼睛看的就是一個區間，靈活運用，效果會更好，這就是從照本宣科的學習，進化到對走勢的感受，那就會變成一種操作的氣勢！

　　我們再回來看看，為什麼要找這樣的圖形呢？因為價格在同一價格區間進行盤整後，只要重複的價格區間越久，代表這邊買進賣出的人越多，這裡價格的壓力支撐越關鍵，那麼出現走勢的時候，力量就會更強。越容易發生「最容易獲利的圖形」，而我們可以從大量的歷史線圖中找到答案，技術分析本來就是研究何處是風險低獲利高的位置，而月台這種類型的圖形，就是風險低獲利高的位置。

＊入口與出口

　　操作到後來，一定要簡化到，在某一個地方進場，然後知道在什麼地方出場。一定要清清楚楚，明明白白。像到了一個新的地方，只要知道入口和出口，進得去出得來，這樣就夠了，這樣就能安全的出入！其他都不是最重要的事。入口就是進場點，做多的買點，做空

的空點；而出口就是出場點，作多的賣點，放空的回補點。

　　技術分析不是為了買在最低點，賣在最高點，而是為了買在起漲點，空在起跌點，然後在適當時機出場。這件事放在月台裡頭，也就是出月台突破的那根K棒，我們可以在當天盤中買進，如果快漲停了，那就直接買，如果只是漲幅 3%，4%，5％，那就下午一點後，快收盤再做決定，如果盤後才看到，那就隔日掛漲停市價買進，買開盤價。如圖。

月台被 K 線以大幅度漲幅突破，當天可以買進

資料來源：凱衛 HTS

當進場後，我們就開始觀察後續走勢的的變化，如果走勢如預期那麼就續抱，如果走勢不如預期，停損點有兩種：

第一種，可以防守在這根突破的Ｋ棒最低點，盤中有跌破就停損賣出！

第二種，可以防守在這個月台的最下緣，也就是這波的底的最低點，盤中有跌破就停損賣出！第一種方式優點是每次停損的損失較小，缺點是對行情的震盪的容忍度低，容易被掃到停損出場，如果能堅持繼續做下去，長期下來還是大賺小賠的，但因為較容易被掃出場，如果連續停損信心受到影響，之後該進場卻沒進場，導致後面的獲利沒有賺到，不可不慎。

第二種方式優點是不容易被掃出場，只要趨勢是對的，那麼將來只有賺多賺少的問題，缺點是如果走勢不如預期反轉，那麼單次停損金額就會較大，因此採用這種方式，應該要縮小部位！否則停損幾次後，一來沒信心進場，二來本金會重傷。

如圖，威剛在箭頭處突破，出月台買進，但在兩個月後在圓圈處，跌破當初買進的Ｋ棒最低點，因此停損出場，如果沒有在後來橫線處，出月台再買回來的話，

就會錯過後面的行情！

以突破月台 K 線的底部設停損，容易被掃出場

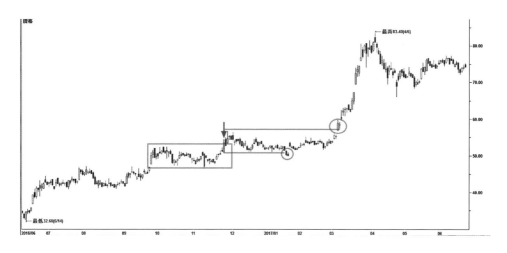

資料來源：凱衛 HTS

　　但如果採用第二種破月台底部的停損方式，那麼就
不用停損出場。

　　第一種停損方式，停損大約 6%，第二種停損方式，
停損大約 13%，因此必須考量自己的風險忍受度到哪
裡，記住！停損是進場以前就可以知道的，不能盲目地
往前衝，永遠要做最壞的打算，長期下來才能持盈保
泰！

　　如果行情如預期，那麼我們就續抱，火車已經往正

確的方向開了，不要輕易出場，直到走到最後一個月台，然後反向出月台，如圖，圓圈處反向出月台獲利出場！

除非出月台的方向改變，絕不出場

資料來源：凱衛 HTS

在空頭走勢中的放空操作也是一樣的，當價格 K 棒跌破月台，產生南下列車，停損守出月台的 K 棒最高點，或是月台上界。與多頭的時候方式一樣，做停損的評估。

當 K 棒跌破月台，可以放空，以 K 棒高點停損

資料來源：凱衛 HTS

　　如果走勢如預期，開始下跌，沒有停損出場，那麼就要好好坐在南下列車上頭，耐心等待在車上的路程，不要急忙下車，不要當驚弓之鳥，等到出現最後一個月台，然後反向突破的時候，那麼火車就是往北開了，這個時候我們才下車，停利出場。這樣就是一次完整的空頭操作。

　　一定有很多人問為什麼是第二個月台才放空？實戰教學：因為第二個月台發生後，趨勢才會變成底底低，峰峰低，轉為空頭趨勢，前面的價格波動原理不要忘囉！那可是核心觀念喔！

放空後，等 K 線向上突破月台再出場

資料來源：凱衛 HTS

月台操作法的探討

　　岳豐（6220）從 2016 漲到 2017，從 10 元漲到 75 元，我們把他這段上漲的過程，每 5 元畫一個小方塊，變成這樣的橫格狀，你有沒有覺得很像在堆積木呢？一直往上堆，越堆越高，也就是橫格切出來，是不是就像是每個月台連著每個月台呢？看不清楚沒關係，我們換一個方式來看看

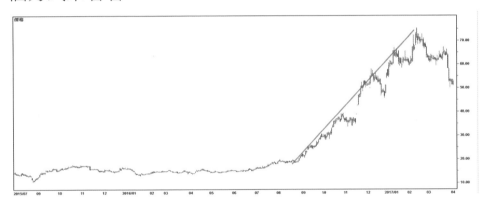

資料來源：凱衛 HTS

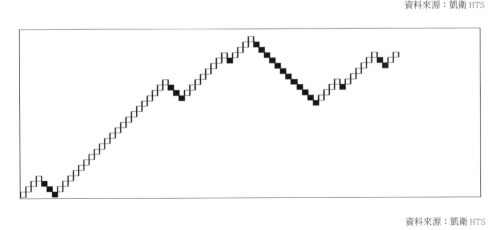

資料來源：凱衛 HTS

我們把 K 線轉化成 Renko 指標，Renko 是一種紅買綠賣指標，它的原理很簡單，看上漲 K 棒就買，下跌 K 棒就賣出並反手放空，不管最高點和最低點，只要今天收盤價上漲固定的價格以上，就畫一根紅棒，只要今天收盤價跌固定的價格以下，就畫一根黑棒，如果今天收盤價沒有超過這個固定價格，也沒有跌超過這個價格那就不畫。

從岳豐（6220) 這個例子來看，軟體設定每 2 元當作一個間距，所以只要收盤每漲 2 元以上就畫一根上漲，如果漲跌 2 元以內就不畫，如果從上漲 K 棒的下界跌 2 元以上，就從上漲 K 棒下界為起始，畫一根下跌的 K 棒。所以連續上漲過程中，就會不斷出現上漲 K 棒，一路都沒有收黑，就可以從低點一直抱，直到出現下跌 K 棒，再賣出。這是一種趨勢指標！只要趨勢出現，可以賺到大波段，而且很單純。但我並不會鼓勵大家用這個方式，因為在行情中間容易被洗出去，而且反轉的時候吃掉的獲利也較多。不過我們可以從他身上學到一些東西！

我們剛剛提到的橫格狀，用 Renko 的方式畫圖，我們是不是更容易看出，價格走勢就像是堆積木一樣，一次堆一格，越來越高，堆到高點以後開始反轉，積木變成往下排了！一樣一次一格，越來越低！而如果每個積

木都換成是月台,是不是就是連續的北上月台,然後到高點反轉後,變成連續南下月台呢!

有了 Renko 這樣子的看圖觀念以後,現在再來看看本來的月台操作法。如果走勢走得很順,走成一條線,那麼就產生「最容易獲利的圖形」,這時候看上去沒什麼月台發生,當走勢開始休息盤整一陣子就會出現月台,而當價格走勢往上或往下出月台後,這個月台就變成了一塊積木,準備堆疊下一個月台,月台堆疊的方式,比 Renko 更符合自然狀態,因為 Renko 是用固定的價格來設定,但我們怎麼知道價格走勢是漲多還是漲少,因此設定一個數值是比較不切實際的!倒不如用自然波動的月台來堆疊更合理,也更直觀!

那麼我們再來看看實際月台的堆疊狀況

*月台重疊

資料來源:凱衛 HTS

57

在這段上漲行情，雖然是上漲，也符合底底高，峰峰高，但是當月台畫出來後，彼此是重疊的，也就是說，前一個月台頂，和下一個月台的底，是有重疊到的，這代表什麼意思呢？代表走勢不夠強，月台和月台中間沒有出現「最容易獲利的圖形」，沒有把兩個月台距離拉開，所以如果買到這種標的，那就是次級品！

在下跌趨勢裡頭也是有月台重疊的現象發生，空頭不夠強，那麼放空的時候就會被震盪的很厲害，同時獲利也拉不開！這也是放空次級品！

但實際進場時，我們不會知道會不會選到次級品，所以如果手上是這樣的標的的話，也不用太擔心，還是按照前面教的方式進出場即可，因為它還是符合價格波動不是嗎？

*好彩頭

如果兩個月台像積木一樣整齊疊上去，後面的月台就像是踩在前一個月台的頭上，我把它稱為好彩頭，出現好彩頭的時候一定要特別注意，這是容易賺多賠少的位置，風險一樣可用前面提到的停損方式，但因為月台有整齊堆疊，就像是站穩踩穩後，再往上跳，因此後續上漲成功的機會變大了。學會這招你大概就已經可以比

市場上 9 成的投資人厲害了！

我們來看看圖例。

出月台時向上噴出，是值得把握的機會。

資料來源：凱衛 HTS

第二個月台整齊重疊在第一個月台上方，像是
Renko 堆積木一樣，在踩到前一個月台的頭之後，後面
一樣出月台做噴出，當走勢發生這樣的狀況就叫做好彩
頭，在第一次出月台可以買進，如果沒有買進，看到好
彩頭現象發生後，第二次的買點一樣可以買，有好彩頭
發生的時候，讓你買的比較安心不是嗎？

*泰山壓頂

一樣的，有多頭就有空頭，如果兩個月台像積木一樣，不是往上疊，而是往下排呢？後面的走勢，彈起來撞到前面月台的天花板了，那麼這樣子的兩個月台我就把它稱為泰山壓頂，這是好彩頭的顛倒，所以一樣是重點觀察項目！出現泰山壓頂一定要好好把握這種機會！守停損後進場！

我們來看看圖例。第二個月台的走勢，反彈撞到第一個月台的底部，像是打地鼠一般又被打下去，兩個月台整齊往下排，形成了泰山壓頂的現象！當第二次往下出月台的時候，進場放空，隨後價格順著趨勢往下走！這就是泰山壓頂的放空做法！

價格反彈，遇到上個月台的下限就下跌，是放空的好機會。

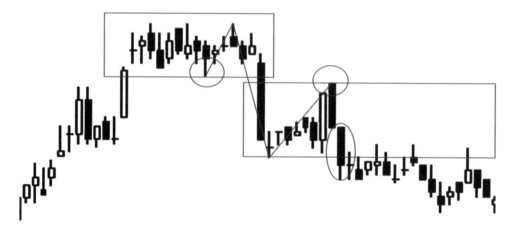

資料來源：凱衛 HTS

*月台不重疊

　　第三種發生在月台的狀況就是月台都沒有重疊，行情像高鐵一樣拼命開，那麼月台距離就會被拉開，造成月台不重疊的現象，甚至強到變成「最容易獲利的圖形」，連月台都畫不太出來，這是行情強勢的象徵。它會發生在多頭，也會發生在空頭走勢。如果你發現你手上的標的有這樣子的情形，一定要抱好，不要輕易出場，我們常常在金融市場聽到汰弱留強，把強的留下來，當然就是要留這種囉！

月台不重疊，是強勢多頭及強勢空頭的象徵

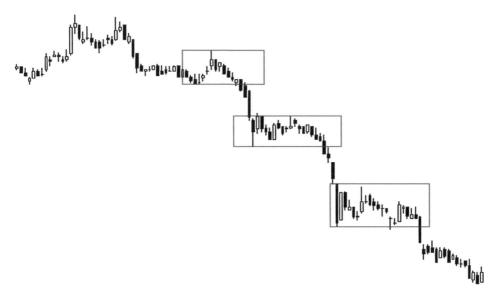

資料來源：凱衛 HTS

當走勢發生月台不重疊的時候，我們就希望火車一直開下去，最好從台灣開到日本去，甚至開去北極！這樣才是真的順勢操作！在多頭是這樣，空頭也是這樣，不用預設立場，不用目標測量，不用管漲幾倍就緊張得要命，完完全全讓市場告訴我們方向，讓市場決定部位的去留，這樣才是真的跟隨趨勢，只有這樣才能賺到大錢！希望各位朋友共勉之！

＊大小月台的運用

實戰時，我們常常會發現月台有大有小，很多學員會問說，月台是要幾根Ｋ棒恰當，答案是：不一定！直觀就好！明顯看出一坨的Ｋ棒區間就把它畫起來變成月台，然後觀察後續走勢即可，如果區間有變，那麼再做調整。舉例來說，我們開車的時候也不可能去算，從Ａ到Ｂ一個街區要幾公尺，或幾公里一樣，要看那邊住宅有多少，看那邊商家有多少而定，而不是一個定數，記住一個原則：就是找明顯的就對了！

事實上月台本身就是一個水平支撐和水平壓力，月台上界被突破了，那就代表壓力不再是壓力，月台下界被跌破了，那就代表支撐不再是支撐，也就是說月台操作法本身就是在做一種支撐壓力的轉換操作。那麼Ｋ線

聚集明顯的地方，就是支撐和壓力會特別重的地方。譬如一面牆，一定是厚的地方支撐或壓力比較大，難以動搖，薄的地方一定比較容易破壞，這就是一樣的道理。

但這件事情理解就好，甚至不理解也沒關係，不要緊抓著不放，這就是為什麼從價格波動原理開始，到月台操作法，我都沒有提到壓力支撐，因為那並不是最重要的事。

如果一直看壓力支撐，那麼行情在上漲的時候，你一定會一直注意看之前的走勢圖是不是有壓力，遇到的時候就想要賣出；下跌的時候，你一定會一直注意之前走勢圖是不是有支撐，甚至想要逢低買進，那麼是不是違背價格波動的定律呢？操作重點在走勢發生的過程中，是否符合上漲趨勢或是下跌趨勢，以及是否符合北上列車或南下列車罷了！

我們再回來看看大小月台，既然月台那麼多，有時候讓你困惑，那何不全部月台都畫起來，再來觀察，進一步，還可以發現月台的新用法唷！

在大月台中，找出小月台，可以更好的價格進場。

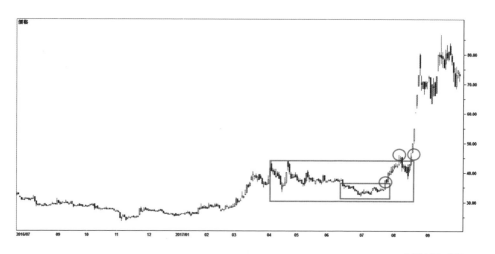

資料來源：凱衛 HTS

　　揚明光（3504)，在起漲之前，我們可以畫出一個大月台，後來大月台有被突破兩次，第一次如果防守 K 棒低點，可能會停損，第二次再進場，才會做到後面的行情，但如果們我們在下面尚未起漲前，畫出小月台，出小月台就提早進場！不用停損，而且買得更低，那麼結果是不是好更多？這就叫做操作系統的優化，把本來系統不足的地方再強化。這只是做簡單的優化，就可以產生很大的效果，事實上操作到後來，你會發現真正的大招，也就是最強的招式簡單到不可思議。

大小月台的觀念也可以用在出場

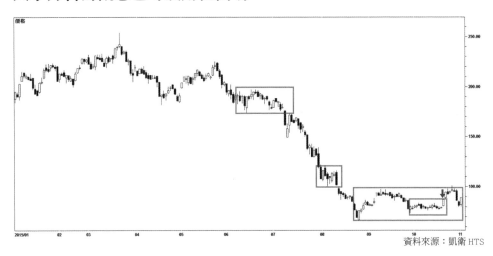

價格

資料來源：凱衛 HTS

　　在放空過程中，一樣可以使用大小箱這樣的方法，而且除了進場時可以用，出場也可以用。我們順勢放空，當走到快要尾聲的時候，最後一個大月台，尚未產生反轉出月台，但是裡頭的小月台，在箭頭處，發生了北上突破的訊號，那麼是不是就是說，放空的部位要回補了呢？而且我們看這個小月台的地方，和最低點相比，是不是也發生了底底高？那麼就有可能發生趨勢扭轉，那麼我們就可以提早獲利出場。

　　有學員會問，那如果後來繼續跌呢？有什麼關係，運用本來南下月台的的方式再進場就好，或是大不了不做，做別的標的就好，不用想做到全部的走勢。

現在，你已經學會了：

- 在不確定性的金融市場中找到的確定性，也就是價格波動原理

- 最容易獲利的圖型

- 上升趨勢和下降趨勢

- 多空循環的兩大要素

- 在月台操作法裡面

- 用更簡單的方法破解形態學

- 多頭走勢和空頭走勢的月台

- 定義月台

- 入口與出口

- 月台重疊

- 好彩頭和泰山壓頂

- 月台不重疊

- 大小月台的運用

實戰案例解析

實戰案例（一）：

資料來源：凱衛 HTS

台光電（2383）2017 年日線圖，從下面開始，出大
小月台，發生買點，買進後續抱。中間度過了兩個月台，
直到右邊數來第二個月台出現比較讓人不好分辨的走
勢，但是走勢還是維持底底高峰峰高的多頭狀態，所以
並不用出場。如果中間誤認小月台而出掉了呢？沒有關
係，也是賺錢的是吧？而且賺很多。從進場處 B，收盤
價 65 元附近，到中間這邊被洗掉也 115 元了，報酬大
約 77%，這是很好的報酬率了。所以只要操作是做對的
動作，都不要緊！如果順利續抱，那麼到後面反向出月
台賣點賣掉，143 元，報酬率 120%。

這其中我們用了月台操作法，和帶入價格波動的觀念，就這麼簡單，報酬率就可以比一般散戶，甚至基金經理人報酬率還要高了！有覺得不可思議嗎？

實戰案例（二）：

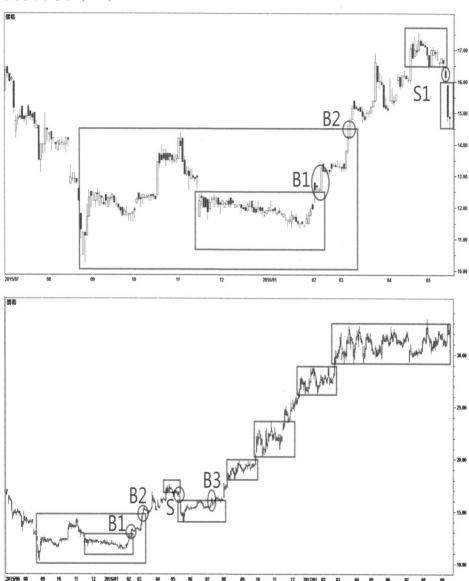

資料來源：凱衛 HTS

69

競國（6108）2015 年日線圖，在一個當空頭疑似到了尾聲，我們畫出從低點開始的最後一個大月台做觀察，尚未突破，走到 2016 年初，倒是出現了一個小月台的突破，那麼我們可以利用大小月台的方式，提早試單，但是一樣要守停損。也就是買點 B1，出月台 K 棒收盤價 13.25 元，停損價 12.55 元，最大損失 5.2%，之後買點 B2 也出了大月台，出月台 K 棒收盤價 14.7 元，停損價 14.25 元，最大損失 3%，可以加碼，然後續抱，中間的走勢符合底底高，峰峰高的上升趨勢，所以續抱，直到後面有一個跌破月台的賣點出現，我們獲利出場，這次波動比較短，我們還是要跟隨，不要心存己見，行情大小是老天爺賞飯吃，不是我們自己決定的，市場說進就進，說出就出，做該做的動作才是最重要的。賣點以跌破月台 K 棒收盤價算 16.15 元，買點 B1，報酬率 24%，買點 B2， 報酬率 9.8%。

延續剛剛的走勢，在出現賣點後，過了兩個月，又醞釀出另一個月台，並且在 2016 年 7 月中產生了一個出月台買點 B3，我們進場，買在 16.15 元，停損價 15.8 元，最大損失 2.1％，之後走勢就順利上攻，不斷出現北上月台，一直到圖形最後都還沒有出現賣點，目前收盤價 31 元，如果假設，跌破目前月台賣出，29.3 元，

報酬率 81%，如果後來持續北上月台呢？那就繼續抱下去！完全不用預設立場。

這裡有兩個重點，第一，這些北上月台墊高的方式，是不是很像 Renko 呢？並且是透過價格自然波動來產生月台方塊的！反映價格的效率，將會比 Renko 好！

第二，雖然前面已經有賣出訊號，我們也賣出了，做了一波的交易，但是後來市場又出現訊號，那麼我們就要繼續追隨市場告訴我們的訊息，進場操作，技術分析就是在等對的時機點，做動作，而且不是透過別人，也不是透過什麼電話線，而是仔細聆聽市場要傳遞給我們的訊息！

實戰案例（三）：

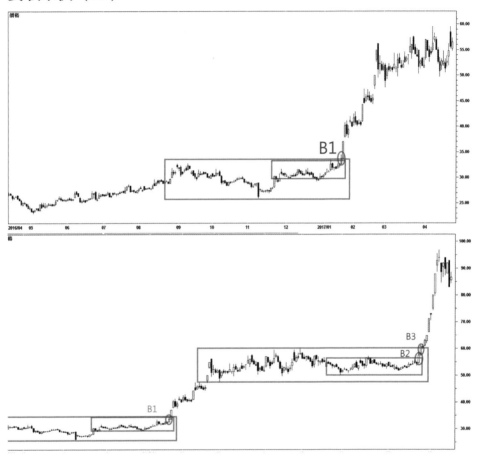

資料來源：凱衛 HTS

　　亞光（3019）2016 年日線圖，亞光在 2016 下半年盤整了半年，在 2017 年初突破了大小月台，產生買點B1，進場買進，收盤價 33.7 元，停損價 32.6 元，最大損失 3.2％

買進後又盤整了大半年，直到 7 月底，北上月台，突破小月台，產生買點 B2。突破 K 棒收盤價 57.5 元，停損價 54.2 元，最大損失 5.7％。買進後過沒幾天，隨後又突破大月台，產生買點 B3，收盤價 60.8 元，停損價 57.1 元，最大損失 6％。

一直到圖形最後，都沒有產生賣點，在 2017 年年底收盤價 128 元。買點 B1 報酬率 280％，買點 B2 報酬率 122％，買點 B3 報酬率 110％，就算 B1 也沒買到，買 B2、B3 報酬率還是很驚人！

一定有人會覺得，根本就不是每一檔標的都可以套用月台操作法，我同意，這也就是為什麼需要停損的原因，不符合的標的就停損，買別的，而且偷偷告訴你，越飆的飆股，圖形往往越標準。

大波段的順勢操作，只要跟隨對的趨勢，就是獲利的保證，不見得每次都會有大豐收，但只要配合我們後面提到的資金配置方法，大賺小賠是可以辦到的。如果投資組合中，有一檔這樣的標的，那基本上，你整體資金部位的績效就會大幅提升！

實戰案例（四）：

資料來源：凱衛 HTS

　　加百裕（3323）2017 年 3 月初，出現買點 B1，
21.15 元，停損價 20.25 元，最大損失 4.2％。買進後，
在 6 月出現買點 B2，23.45 元，停損價 22.5 元，最大損
失 4％。同時月台符合好彩頭，作為一個更確認的買點，
之後北上列車續開，月台墊高，續抱，一直都沒有出現
賣點。

　　在 2017 年 10 月，買點 B1，報酬率曾達 104%，買
點 B2， 報酬率 83%，符合大賺小賠的獲利模式。持續
不斷做這件事，就能累積！

實戰案例（五）：

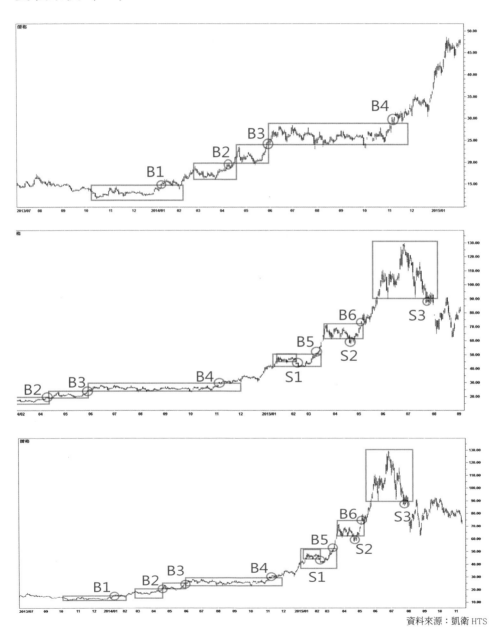

資料來源：凱衛 HTS

75

宏捷科（8086（在 2014 年初，出現買點 B1，15.1 元。停損防守買進 K 棒低點 14.3 元，最多損失 5％。行情繼續走，北上列車，第二次出月台，出現買點 B2，19.3 元，停損防守買進 K 棒低點 18.5 元，最多損失 6％。買點 B3、B4 就要斟酌，我們最好在前面幾次出月台就買進，風險較低獲利較高，從「最容易獲利的圖形」我們可以知道，越早上車，我們後面獲利就越大，越早上車，就越不容易買到要反轉的時候。所以把這個觀念帶進來月台，越早買才會越安全，B3、B4 產生好彩頭，可自行斟酌是否要進場！行情走到 S1 出現賣點，43.5 元，買點 B1 報酬率 188％，買點 B2 報酬率 125％，都符合大賺小賠的模式，如果沒有被洗出場，則有機會在賣點 S2，S3 出場，那麼報酬率將會更驚人！

如果 S1 出場，再出現買點 B5，可以買回來，48.5 元，停損價位 46.5 元，最大損失 6％。走勢續走，出現賣點 S2，58.3 元，賣出獲利 20％，一樣符合大賺小賠模式。

賣出後，又出現買點 B6，73.8 元，停損價 70.7 元，最大損失 5.8％，出月台買進，直到出現賣點 S3，86.9 元，報酬率 17.7％。這個範例的重點提示：

• 出月台上車要越早越好
• 好彩頭買點的觀察

- 中間 S1、S2 的洗盤, 就算被洗掉還是獲利不少!
  能否不被洗掉?抱到 S3 這就是操作系統的優化!

實戰案例(六):

資料來源:凱衛 HTS

　　玉晶光(3406)在 2016 年底出月台, 產生買點 B1, 65 元, 停損價 59.1 元, 最大損失 10% 北上月台持續,進入月台,再產生買點 B2, 100 元,停損價 89.6 元,最大損失 10%。隨後出現好彩頭,再產生買點 B3, 130 元,停損價 118 元,最大損失 10%。北上月台持續,行情拉開,再出現買點 B4, 407 元,停損價 370 元,最大損失 9%。

　　在 2017 年 11 月前買點 B1 報酬率 763%,買點 B2 報酬率 461%,買點 B3 報酬率 331%,買點 B4 報酬率 37.8%,一樣符合大賺小賠,賺多賠少的獲利模式!

新手學員操作的對帳單

總損益:369,887 總報酬率:165.80% 應收紅
筆數:1(頁次 1/1)

委託日期	股票	代號	成交股數	單價	類
106/06/05	玉晶光	3406	2,000	297.5	玥

　　我教課的學員配合好彩頭,買在大約買點 B2,111
元,分批賣掉,賣 297.5 元和 316 元附近,是人生第一
次做到的大波段!就算沒有整段做到,也是大豐收!沒
有繁瑣的方法,只有按照方法紀律,聽話照做!

　　跟隨對的趨勢就是獲利的保證!趨勢是跟隨自然的
運行,沒有人會想和大自然抗衡吧?

我教課的學員利用本書的方法,大賺了一筆,開心之餘和我的對話

> 恭喜呀!大獲全勝!這輩子有沒有做到這樣一波呀!
> 沒有白學,感動唷!
> 已讀
> PM 11:21

> 真的～如果沒有老師教的明確出場點位,老早就出場了,太謝謝老師了～　　PM 11:40

實戰案例（七）：

資料來源：凱衛 HTS

環球晶（6488）2016 年 8 月底，第一次出月台買點
B1，買進 74.5 元，停損價 73 元，最大損失 2%。接著
買點 B2 出現好彩頭，買進 90.2 元，停損價 82 元，最
大損失 10％，買點 B3，108.5 元，停損價 100 元，最
大損失 8％。之後就一直維持北上列車，後面買點就要
斟酌是否要進場，一直到圖形最後 270 元，買點 B1 報
酬率 262％，買點 B2 報酬率 199％，買點 B3 報酬率
149％！

逮到飆股絕對不要輕易放過他！因此還可以加碼，
加碼再加碼！

這是我自己的實際操作案例，從 2016 年 12 月進場，
一直操作到 2017 年 3 月，透過加碼策略，成本 11 萬元

左右，獲利 52 萬左右，報酬率 470％！

　　用簡單的方法，沒有買在最低，賣在最高，一樣可以創造高報酬率！而其中的關鍵就是，完整操作黃金三角：一個有效的操作系統，良好的資金配置，還有正確的操作心態！

　　很難嗎？學會就很簡單，但是中間只要有環節錯誤，那就會變得很難，而且可能從獲利變成虧損！所以操作沒有新鮮事，但是有環環相扣的步驟，必須有紀律，並且不斷的執行，佛家說：「不懷疑，不夾雜，不間斷」。共勉之！

我操作環球晶的交易紀錄

證-C	江禮安 ▼	2016年12月 5日 ▼	至	2017年 5月29日 ▼	全部交易 ▼	
成交日期	交易類別	股票名稱	成交股數	成交單價	應收付款	損益
2016/12,	融資買進	環球晶(6488)		92.70	-37,832	0
2016/12,	融資買進	環球晶(6488)		93.00	-75,265	0
2017/01,		環球晶(6488)			成本11萬	91,898
2017/01,		環球晶(6488)				0
2017/01,		環球晶(6488)				93,633
2017/01,		環球晶(6488)				0
2017/02,		環球晶(6488)				148,503
2017/02,		環球晶(6488)				0
2017/03,	融資賣出	環球晶(6488)		214 獲利52萬		192,009
			台幣小計：		526,043	526,043

實戰案例（八）：

資料來源：凱衛 HTS

　　GIS（6456）2016 年底出現了出月台的現象，B1 可以買進 94 元，停損價 86.6 元，最大虧損 7.9%。之後在 2017 年初，又出現了好彩頭買點 B2，買在出月台 K 棒的收盤價，買 97.6 元，停損價 93.6 元，最大虧損 4%，之後走勢一路上漲，北上列車，要坐好，不要隨便下車。

之後走勢一路發展，都是上升趨勢，北上月台，都沒有破壞的跡象，所以我們沒有下車的理由。我們可以考量後面月台的風險提高，獲利降低，因此後面的出月台買點就要自己斟酌！較積極的投資人，可以守好停損，持續操作！到圖形最後都還沒有南下出月台，用最後收盤價計算，312 元，買點 B1 獲利 232%，買點 B2 獲利 220%。符合大賺小賠的獲利模式。

實際操作案例，2016 年 12 月，進場操作，到 2017 年 5 月底，成本 7 萬 5 左右，後來中間有增加成本 10 萬左右，總獲利 63 萬左右，報酬率 365%~850% ！

就算有時候沒有在一開始上車，也沒有坐到最後下車，但是還是可以大賺小賠，因此趨勢才重要，不要太在意價位，只要能火車剛開上車，然後賺到該賺的，就已經站在前 1% 的金字塔頂端了。

我操作 GIS 的交易紀錄

成交日期	交易類別	股票名稱	成交股數	成交單價	應收付款	損益
證-	江禮安 ▼	2016年12月12日 ▼	至	2017年 5月26日 ▼	全部交易 ▼	億
2016/12/	融資買進	GIS-KY(6456)		93.20	-75,665	0
2017/02/		GIS-KY(6456)		成本7萬5		26,320
2017/02/		GIS-KY(6456)				0
2017/02/		GIS-KY(6456)				59,078
2017/02/		GIS-KY(6456)				0
2017/03/		GIS-KY(6456)				31,252
2017/03/		GIS-KY(6456)				0
2017/03/		GIS-KY(6456)				0
2017/04/		GIS-KY(6456)				160,658
2017/04/		GIS-KY(6456)				0
2017/05/		GIS-KY(6456)				276,957
2017/05/		GIS-KY(6456)		獲利63萬8		0
2017/05/		GIS-KY(6456)				0
2017/05/	融資賣出	GIS-KY(6456)		224.00		84,725
		台幣小計:			638,990	638,990

世芯（3661）2016 年日線圖，11 月底，出月台買點 B1，出月台 K 棒收盤價 30.2 元，停損價 27.25 元，最大虧損 9.7%，之後在 2017 年 2 月出現好彩頭的出月台買點 B2，出月台 K 棒收盤價 35 元，停損價 32.45 元，最大虧損 7.2%。

實戰案例（九）：

資料來源：凱衛 HTS

資料來源：凱衛 HTS

B2 這個好彩頭是沒有很整齊重疊的，所以是一個不標準的好彩頭買點，但是就算只用底底高，峰峰高，以及出月台買法，還是可以做得到，所以不用執著。操作熟練到一個程度以後要保持彈性，但是一開始學習的時候可以死板一點，學習速度會比較快，不標準或看不懂就不要做沒有關係的！

B1 和 B2 上車以後，都沒有反向打到停損，所以可以續抱，北上列車往上，持續上漲，持有期間第三個月台，有一個假突破，但因為我們只是考慮是否要停利出場，沒有反向列車，就要續抱，所以沒什麼影響。如果實際操作時，想在第三個月台，出月台時買進，可能會面臨到一次停損！操作就是這樣，必須誠實面對，停損後，出月台再進場，堅持不要放棄，才會大賺小賠。因此漲一段以後必須評估進場的風險性！放棄不做也是一個選項！真的做錯了，就停損，不用想太多！

用線圖最後收盤價 83.8 元計算，買點 B1 報酬率177%，買點 B2 報酬率 139%。實際操作案例，2017 年2 月開始操作，成本 22 萬左右，一直操作到 8 月，總獲利 27 萬 3 千，報酬率 124%！

我操作世芯的交易紀錄

成交日期	交易類別	股票名稱	成交股數	成交單價	應收付款	損益
諮- 江禮安 ▾	2017年 2月 9日 ▾	至 2017年 8月 8日 ▾	全部交易 ▾			個
2017/02,	融資買進	世芯-KY(3661)		35.25	-99,101	0
2017/03,	融資買進	世芯-KY(3661)		38.70	-125,041	0
2017/03,		世芯-KY(3661)				22,018
2017/03,		世芯-KY(3661)		成本22萬		0
2017/03,		世芯-KY(3661)				0
2017/03,		世芯-KY(3661)				96,609
2017/04,		世芯-KY(3661)				0
2017/04,		世芯-KY(3661)				170,516
2017/05,		世芯-KY(3661)				-19,339
2017/06,		世芯-KY(3661)				0
2017/07,		世芯-KY(3661)		獲利27萬3		-21,314
2017/07,		世芯-KY(3661)				0
2017/08,	融資賣出	世芯-KY(3661)		80.70		25,304
		台幣小計:			372,895	273,794

實戰案例（十）：

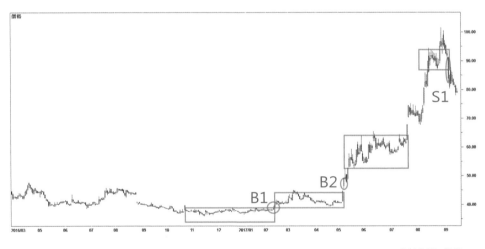

資料來源：凱衛 HTS

　　華擎（3515）2017 年 2 月發生出月台買點 B1，出月台 K 棒收盤價 39.85 元，停損價 39.05 元，最大損失 2%。5 月出現好彩頭買點 B2，出月台 K 棒收盤價 49.1 元，停損價 45.55 元，最大損失 7.2%。

後續走勢順利往上，北上列車開始跑，車上坐好不要輕易下車！後來走到 S1，跌破月台，也破壞上升趨勢，底底高轉底底低，賣出價位 83.8 元，B1 報酬率 115%，B2 報酬率 70%!

實戰操作案例，2017 年 5 月開始操作，成本 15 萬，操作到 8 月，總獲利 33 萬 3 千，報酬率 222% ！

我操作華擎的交易紀錄

成交日期	交易類別	股票名稱	成交股數	成交單價	成交價金	應收付款	損益
2017/05/	融資買進	華擎(3515)		46.60		-56,999	0
2017/05/	融資買進	華擎(3515)		53.40		-96,428	0
2017/05/		華擎(3515)					62,869
2017/05/		華擎(3515)					0
2017/07/		華擎(3515)					39,710
2017/07/		華擎(3515)					0
2017/07/		華擎(3515)					65,698
2017/08/		華擎(3515)					128,178
2017/08/		華擎(3515)					14,345
2017/08/		華擎(3515)					0
2017/08/	融資賣出	華擎(3515)		93.30			22,494
		台幣小計:					333,294

證・ 江禮安 2017年 3月31日 至 2017年 9月24日 全部交易 個股查詢 3515 華

成本15萬

獲利33萬3

正確停損及加碼讓你賺大賠小

> 如果你沒有技術分析技巧，但每次虧損都控制住，獲利的時候大於虧損，那麼長期下來是不是就是獲利的呢？所以在沒有技術的前提之下，就可以做到大賺小賠，那這樣資金控管是不是很重要呢？

在學會操作系統後，下一個環節就是資金控管，資金控管是整個操作流程，是否能獲利的重要關鍵！為什麼？

我們用範例說明，當我們有 100 元，投資在 5 檔股票上，一檔分配 20 元，每次操作不損失超過本金 2%，那麼我們 5 檔標的，個別最多可以虧損 10%，因為每檔 20 元的部位，虧損 10%，等於 -2 元，那麼剛好是本金 100 元的 2%。每次虧損 2 元，代表你要連續錯 50 次，你的本金才會歸零，如果你真的連續錯 50 次歸零畢業，那我想你可能不太適合操作，離開市場吧！

你一定是方法不對，或是沒紀律，有堅持凹單等等之類的壞習慣。那麼長期下來真的不太容易獲利！否則要連錯 50 次運氣也「太好了」，可能比較適合買樂透！

如果配合一個可行的操作系統，一定很容易進入賺賺賠賠的階段，賺賺賠賠的階段還不能獲利，但是可以在市場上撐很久唷！透過這段時間你就可以得到很多經驗，提升自己的實力，還不用繳什麼學費唷！

那如果你的操作系統可行，錯時停損，獲利續抱，那麼獲利的部分會很容易大於損失，那這樣就進入大賺小賠的階段囉！

再看看這個例子，每次虧損都虧損 1 元，而獲利的時候獲利 2 元，那麼是不是可以連續錯 2 次，對 1 次，就損益兩平！也就是勝率只要大於 1/3，33%，長期下來就是獲利的！

如果每次虧損都虧損 1 元，而獲利的時候獲利 5 元，那麼可以連續錯 5 次，對 1 次，就損益兩平！勝率只要大於 1/6，17%，長期下來就是獲利的！

如果每次虧損都虧損 1 元，而獲利的時候獲利 10 元，那麼可以連續錯 10 次，對 1 次，就損益兩平！勝率只要大於 1/11，9%，長期下來就是獲利的！

操作的時候是可以控制損失的，也就是停損很重要，只要能停損，那麼損失就能被控制！那麼只要想辦法擴大獲利，這樣就能讓資金部位長期下來變成賺錢的！

而且，從上面的例子可以發現，如果我們能讓獲利的時候放大，那麼勝率事實上不用太高就能賺錢的，竟然連勝率不到 20％ 就可以賺錢！所以資金控管的好，勝率低也能獲利！況且，丟銅板勝率就 50% 了，如果有稍微能用的操作技巧，是不是就很容易站在獲利的那邊呢？

　　像我自己的進階操作技巧，勝率至少 7 成以上，甚至運氣好的時候高達 9 成，那麼要達成大賺小賠這件事就更容易了，操作技巧很重要，但不用頂尖也可以獲利喔！

在虧損你可以控制的情況下，設法拉高獲利，就可以讓你在勝率一般的情況下賺錢。

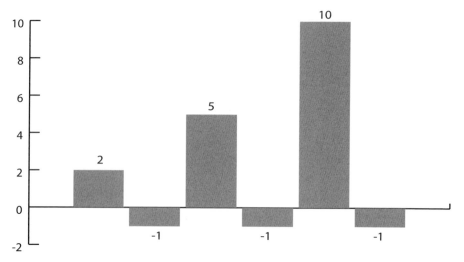

資料來源：作者整理

了解這個觀念，我們回到實際狀況，我們可以控制每次的損失，不過事實上我們不能控制每次進場的獲利一定是賺多少！從實例範例我們可以知道，有時候賺多，有時候賺少，不一定賺 10 元賠 1 元，但是長期平均下來，還是可以賺多賠少！

　　也因為我們不知道每次進場可以獲利多少，所以我們可以在資金配置上做一些調整，讓我們在既有損失之下，擴大獲利！那麼這樣是不是更容易提升賺賠比，達到賺 10 賠 1，甚至賺 100 賠 1 呢？

　　這該怎麼做呢？那就是獲利時候加碼，有策略的加碼之下，可以擴大獲利，但是不會增加損失。

錯時停損，對時加碼

　　我們來看一個期貨的例子：如果第一次進場買進一口，最多停損 20 點，然後第一口獲利 20 點的時候，加碼多買進一口，第一口獲利 40 點的時候再加碼買進一口，第一口獲利 60 點的時候 3 口全部都賣掉，那麼總獲利為，第一口獲利（60 點）＋第二口獲利（40 點）＋第三口獲利（20 點）＝ 120 點。

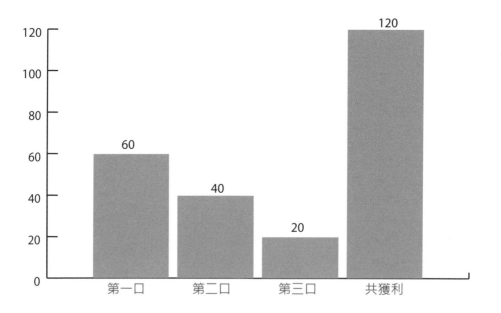

資料來源：作者整理

如果不是這麼順利往上漲呢？

第一種情形：

買進後，第一口獲利 20 點時，加碼買進第二口，隨後行情反轉跌了 20 點全數賣出，那麼，第一口獲利（0點）＋第二口虧損（-20 點）＝總損益（-20 點），與預期最大損失一樣，不會再增加。

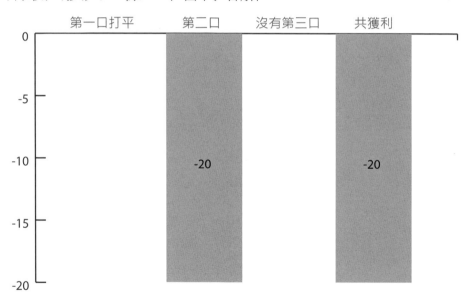

資料來源：作者整理

第二種情況：

　　買進後，第一口獲利 20 點時，加碼買進第二口，第一口獲利 40 點時候，加碼買進第三口，隨後行情反轉跌了 20 點全數賣出，那麼，第一口獲利（20 點）＋第二獲利（-20 點）＝總損益 0 點，打平出場。

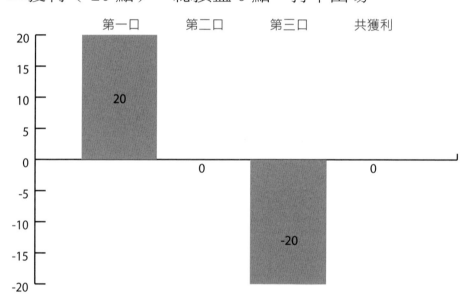

資料來源：作者整理

第三種情況：

買進後，直接跌 20 點，停損出場，那麼， 第一口
獲利 (-20 點)= 總損益 (-20 點)

第一口　　　第二口　　　第三口　　　共獲利

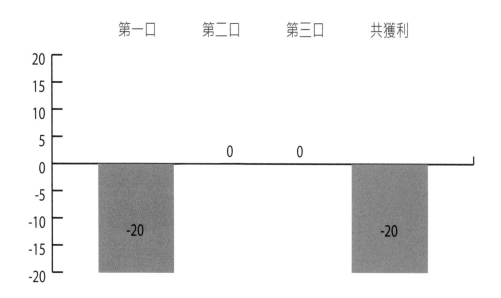

資料來源：作者整理

好，以上情況總共會有 4 種獲利結果，-20，0，
+20，＋ 120，而這段期間，行情最多只有漲了 60 點。

而平時如果我們在買進一口的的狀況下，停損 20
點，然後行情順利往上漲 60 點，我們只會獲利 60 點，

但再加碼的狀況下，變成了 120 點，獲利整整多了一倍，風險報酬比也從 3：1 變成 6：1，而且你有沒有發現，最大損失都是 20 點，並沒有增加！這就是有策略的加碼方式，也就是資金控管的威力！

有些朋友可能會想，那一開始就買 3 口，漲 60 點的時候，我不就獲利 180 點了嗎？沒錯，但是相對的，如果停損 20 點的時候，那時最大虧損變成了 60 點，風險也變成原本的 3 倍！這就是沒有在控制虧損之下想要去放大獲利！

所以加碼除了讓獲利放大之外，也不能讓損失增加唷！

實戰案例解析

我們把上述的觀念放進去實際的走勢圖裡頭，總不能只是紙上談兵，也就是實戰操作的時候要怎麼做呢？我們來看看實際的案例。

加碼兩到三次為佳，第四次以上風險就高了

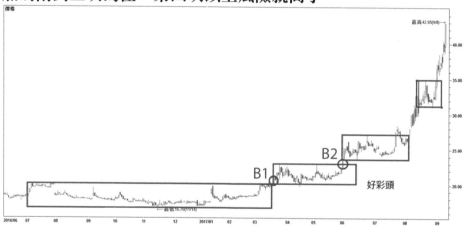

資料來源：凱衛 HTS

3323 加百裕 2017 日線圖，2017 年 3 月初，買點 B1，21.15 元，停損價 20.25 元，最大損失 0.9 元

買點 B2，23.45 元，停損價 22.5 元，最大損失 0.95 元

實際操作的時候，原則上以加碼 2 到 3 次為主，4 次以上風險就太高了！寧可沒做到也沒關係，我們在 B1 買進以後，B2 加碼，如果錯了，不用等到跌回 B1

的價位，而是用 B2 的停損價，當作全部出場的防守點，這樣子大概會像前面範例顯示的損益兩平，但是當行情拉開以後，那獲利就會增加很多！如圖，我們可以看到在 B2 之後事實上還有一個出月台買點，你也可以選擇加碼買進，如果行情反轉，以第三個出月台買點的停損點當作全部部位的出場點，那麼行情持續往上，獲利更驚人！

前面的範例我們用報酬率來做評估，現在我們回歸到獲利金額，以收盤價 42.95 元計算，買點 B1，獲利 21.8 元，買點 B2，獲利 19.5 元。

不考慮第三個買點，總共獲利 41.3 元，如果一開始 B1 就停損，那麼最大虧損 0.9 元，風險報酬比為 41.3：0.9 ＝ 45.8：1，最多賠 1 元，賺 45.8 元，如果第 3 個部位加進去獲利就更驚人囉！

行情走高後，不宜採用加碼的模式

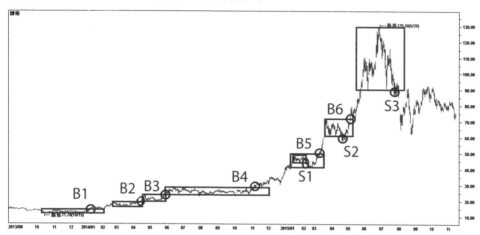

資料來源：凱衛 HTS

　　8086 宏捷科 2014 日線圖，在 2014 年初，出現買點 B1，15.1 元，停損價 14.3 元，最大損失 0.8 元出現買點 B2，19.3 元，停損價 18.5 元，最多損失 0.8 元行情走到 S1 出現賣點，43.5 元，買點 B1，獲利 28.4 元，買點 B2，獲利 24.2 元，

　　總獲利 52.6 風險報酬比 52.6：0.8 = 65.8：1，最多賠 1 元，賺 65.8 元。

　　在這支股票遇到的問題，應該會是在賣點 S1 以後出現的買賣點該怎麼做的問題，遇到買點買回來，遇到賣點又賣掉，是不是就沒辦法加碼了呢？

　　隨著行情越走越高，風險意識就應該提高，所以當

101

S1 全部出場以後，後面的買賣點依然是照著進出，但是就用一個部位的方式，而不用拼命擴大部位，造成風險上升，可能啃食之前獲利的部分！當然也有別的加碼方式繼續加碼下去，也像操作系統優化一樣，資金控管也可以優化，這跟每個人風險忍受度不同有關，所以資金控管當然不會只有一種方式，我們這邊教的，是最簡單，也是非常容易擴大獲利的方式，但並不是代表簡單就不好用，在控制住風險的狀況下，還能把獲利翻倍，再翻倍，當然是非常好用的方式囉！

不讓恐懼及貪婪主導你的投資決策

> 操作心態，無形無相，看不著，摸不到。很多人操作不好，其實不是方法問題，而是操作心態不正確。

終於進入了操作黃金三角的最後一環——操作心態，操作心態，我個人認為是最重要，也是最困難的部分。怎麼說呢？

操作系統可以學，現在只要你有心很容易可以找到在教學的課程或是書，因此要學習到操作技巧並不是最困難的事，當然有些課程可能是打問號的！方法是不是好？有沒有很多盲點？這就要自己去分辨。要學到大絕招並不容易，書上或是課程不見得就會教大絕招，但是現在我們學完了火車操作法，用很簡單的方式也可以上手，也可以建立大賺小賠的操作系統！

而資金控管呢？資金控管可以量化，可以數據化，只要照做即可。

所以操作系統及資金控管，都屬於容易學習，有具體方法可以依循的。但是在操作心態部分，卻是無形無

相，看不著，摸不到，都是觀念，聽了都懂，做了卻做不到。需要體會，還有人性作祟。讓有些人還不知道自己操作不好的問題，事實上不是方法的問題，而是操作心態不正確。沒有建立正確的操作觀念，整天到處找方法，希望學到神乎其技，或是尋找一個聖杯的方法，一個終極的招式，來讓自己變成操作之神。殊不知，技術分析沒有新東西，也就是說他並不是創新，說穿了，我們學習各種方式，只是希望價格從 $50 元漲到 $100元的過程，能 $60 元進場， $90 元出場，不是嗎？

你如果想走路環島，那麼你只要有基本會走路的能力，你可以走 1 個月，也可以走一年，重點是不要放棄，那麼不管快還是慢，你一定會有辦法完成，所以這是心態的問題，而不是方法，就像操作一樣！

我在教學時特別重視心態的問題，希望盡可能的把這只可意會不可言傳的操作心態，透過文字盡可能地表達，但是各位朋友們還是需要自行體會，體會出來才是你的，否則只是老生常談，對牛彈琴！

當你遇到操作時的心情起伏，平靜看待，然後聽到他人談論操作心法，心有戚戚焉時，那恭喜你！你的層次又上一層樓了！

1. 機械操作可以補償操作心態

我們學習了操作系統,其目的就是要建立一個明確的進出場依據,總不能進場都用猜的,也不知道什麼時候要出場。那就很像計程車司機,如果你沒有無線電,當你出門的時候,你不知道下一個客人在哪裡,不知道要往哪裡開!

有了明確操作系統,就容易轉換成機械操作,遇到買點就買進,遇到賣點就賣出,一切都這麼清楚明瞭!那麼看到盤勢不會再是茫茫然,就好像你到了電影院,你會知道從入口電梯這邊上來,然後入口在哪?之後走進去看電影,看完了以後要從哪裡出來!很簡單很清楚不是嗎?體會一下,你這樣去看電影會慌嗎?會很擔心走不出電影院嗎?

第二種狀況,我聽過很多朋友第一次去台北車站,因為三鐵共構,因為火車、捷運、高鐵,現在又多一個機場捷運,都在同一個地方,然後往往進了台北車站地下室以後,開始覺得茫茫然,很混亂。就算有告示牌,有路牌,還是覺得很像迷宮!我想這跟很多人學操作的感覺一樣,體會一下那種茫然的感覺,是不是就很像線圖打開,你看到一堆K線圖,甚至還有一堆均線、指標,

但你卻無從下手，想著圖形右邊的未知，然後有些指標有訊號，有些指標沒有訊號，不知道該不該進場一樣？

所以為什麼機械操作很重要，明確的進出場，會讓我們從上面那種在台北車站混亂的狀態，進入去電影院出入口明確的狀態，在明確的狀況下，第一、你看到盤勢不會無所適從；第二、你比較不會緊張，第三、真的發生突發事件，你知道要怎麼退出。透過明確的操作系統，因為明確，可以盡量把買賣點量化，我說的是盡量，而不是 100%，因為盤勢是活的。但是在這種狀況下，心理的不安定感會降低，這個時候，是好像是你走在陌生的小徑，給你張地圖。就算在陌生的地方有些緊張，但總比不知道路來的令人安心，不是嗎？

因此機械化操作，可以補償操作心理的不穩定，但是小提醒，千萬別讓心理的不穩定，凌駕於機械化的操作系統，那麼操作系統就會失去它的作用，並且又會陷入情緒，陷入心情起伏的惡性循環！

2. 程式交易會比較好嗎？增加功力而不要迷戀工具

　　談到機械化操作，有些人會想到程式交易，只是機械化交易，還是要手動操作，人嘛，總有人性的起伏波動，那全部交給電腦，這樣就可以不帶情緒的執行進出場策略了！而且是 100% 的執行，聽起來是滿不錯的！

　　在美國最有名的例子，就是海龜投資法，這個案例的操作系統就像是程式交易，用固定邏輯去市場裡操作。但這樣的邏輯放到今天，可能還是要做點修正，要不然是比較沒有用的！

　　理查德・丹尼斯（Richard Dennis），他是一個傳奇交易員，賺了 2 億美金，他和朋友打賭，一個說交易是可以教育學習的，一個說交易是沒辦法學習的，所以他們找了各行各業的人，然後給他們資金帳戶，並教他們操作，看看誰說得對！

　　後來的結果可以顯示，有些人操作的很好，帳戶資金節節高升，在對的時間建立部位，並且依照操作策略，在指定的時機加碼。然後持有部位到操作系統產生賣出訊號，再出清部位。中間可能會有一段時間，面臨到連續虧損，整體資金水位的下滑，但是不帶感情，持續堅持原本的操作系統，最後都會大豐收。

而有些人學會方法以後，開始加入了自己的意見，不好好按照操作系統的訊號和策略動作，進場了，自己覺得不會漲了就不加碼，用自己主觀的判斷，覺得行情還會走，而不停損出場，或是不停利出場，最後跟自己預期不同，導致帳戶虧損！通常這種人為錯誤，都會大損失。

　　所以結果來說他們一人對一半吧！操作技巧是可以教的，但是操作心態卻教不來！當主觀意識凌駕了操作系統，那麼操作系統是好的也沒用囉！

　　有了這個例子當作警惕，有些交易策略是可以寫成程式的，但你有沒有辦法乖乖地執行呢？如果沒有的話，就沒辦法發揮程式最大的效果，你看，這又回到心理因素！

　　而就操作技巧而言，我並不認為程式可以取代人為判斷，因為盤勢是活的，的確我們可以用程式幫我們篩選出我們要的位置，譬如久田戰法的K線型態，均線的位置，指標的訊號等等，這的確可以省下許多時間和精力。但最後精選階段，還是要用人為判斷，為什麼？因為電腦選出來是死的，他只會判讀大於小於，沒辦法兼顧到當時的價格的長相、位置，甚至當前的社會情勢。

股性這種東西，真的要量化是不容易的，可以量化的就是成交量要大一點，至少大於 1,000 張以上。但 1,000 張以上的股票，每支樣貌是差很多的。有的標的走勢就是很波動，來回洗盤，上下震盪劇烈；有的標的走勢很平順，很單純，上就是上，下就是下，但是每天幅度很小，都只漲跌 1~2%，你說他沒漲嗎？有呀！但是卻動很慢。有些標的，盤整很久都不動，某天突然一根漲停板，然後就一去不回頭。

　　每檔標的都不同，你想要用程式去定義它，就會很困難，而且也不容易準確，但是只要用眼睛一辨識，火眼金睛一看，卻很容易看出差異性！

2017 年聯昌（2431），波動劇烈，上下影線也多，不好操作

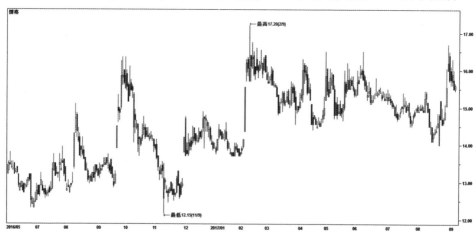

2016 年鴻海（2317），上升趨勢，但是每天都漲很慢

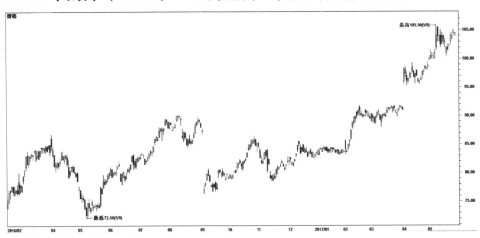

2017 年富宇（4907），盤整半年，出月台後，連飆 9 支漲停板

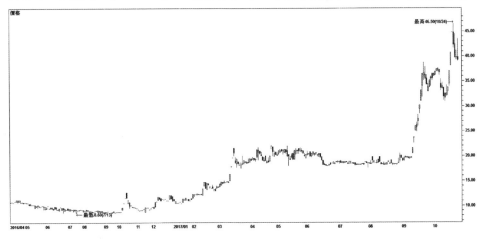

資料來源：凱衛 HTS

因此，要這樣子利用電腦篩選的前提，是我們本身就有一定的功夫，以及底子，才能透過工具來讓我們方便，節約時間，而不是本末倒置，覺得有工具就等於有技術，自己沒有那樣子的實力水平，只會自取滅亡，還會怪罪程式差勁！

　　如果有明確操作系統，有邏輯的進場，那倒是可以善用工具，例如在觀察點位，設定價位到了以後警示提醒，譬如說在月台頂端，設定價位提醒，當價格突破月台，我們透過這種警示的設定，讓我們提早注意到，然後再用人為判斷，適不適合進場，那這樣對交易才會有正向幫助！

3. 操作時你需要內建心理時間軸

操作的時候，雖然大家很容易會把重點放在技術分析的買賣點，找到方法決定進出點。但大部分投資人卻忽略了當你真的買對了，買在起漲點，未來股價也了漲兩倍三倍甚至更多，譬如說買在＄50元，然後漲到＄100元，但是常常都在＄55元就賣掉了，怕＄55元跌回來＄54元少賺了，或是跌到低於＄50元倒賠，於是很快就賣掉了。

但我們看一下歷史走勢就可以知道，當行情開始走以後，北上列車啟動，也不會直直往上衝，當走一段後就會休息，也就是進入月台，這個時候價格會在一定價格區間震盪，然後再繼續出發，這樣子的樣貌走到漲一倍＄100元，可能要1個月到6個月不等，那麼花一個禮拜漲到＄55元，怎麼會急著下車呢？

這就是因為沒有內建心理時間軸。我們都知道高雄到台北，就算坐高鐵，都要一兩個小時，那麼我們會在高鐵開30分鐘後就下車了嗎？只要下車不就永遠到不了台北了嗎？

這是很簡單的道理……可是偏偏操作的時候大家都沒想過，有很多和一般生活常識一樣的觀念，只要善加

思考，然後平常心，操作時的心態就會穩定很多！

從進場開始，如果行情開始走了，要在車上坐好，並且耐心等待行情發展，心中必須有個底，行情發展需要時間，從正式發動上漲，包含中間的月台震盪，然後醞釀最後一個月台，之後行情結束，這樣要歷經很長的時間！

耐心續抱是值得的，因為順利完成後，獲利會很驚人，俗話說：「三年不開張，開張吃三年」，就是完整操作到一個大波段可以得到的成果。想賺足波段嗎？那先內建心理時間軸吧！

4. 買時怕跌，賣時怕漲

你有沒有一種經驗？當買進進場了，手上有部位了，開始死盯著盤面，漲 0.1 元就開心，過了一下價格發生回跌，跌了 0.1 元，又覺得害怕，難過。很想要他漲，怎麼不漲呢？就這樣震盪一整天，好不容易過了一天，今天收盤小漲，鬆了一口氣。結果明天又開始這樣，然後開始每天提心吊膽，就算今天這檔標的漲了，卻還是很擔心明天會下跌，日復一日。買對的時候，就算價格漲還是很擔心隔天會跌，價格下跌更不用說，心情鬱悶，好像世界末日。

當經歷過了這段過程，好不容易價格順利漲了好久，也賺了好大一段！這段時間心情起伏像坐雲霄飛車一樣，真是辛苦的過程，終於到終點了，順利賣出後，卻又擔心後面價格繼續漲，賣掉隔天看到價格又漲，就覺得少賺了，捶心肝！覺得賣太早了，早知道就多抱一天！隔天看到又長紅，又漲上去了，然後很惋惜，這真是辛苦的過程，心想早知道就不要賣了！有時候看到這種狀況甚至還想追回來，然後買了以後又被套了，好的狀況只是獲利回吐，糟的狀況，本來獲利卻變成虧損。

結論就是，買的時候怕跌，賣的時候怕漲，明明就

獲利了，卻還是膽戰心驚，為什麼操作會操作得這麼痛苦呢？

然後下一次的交易，下一次的進場，又再一次再一次的輪迴，原本單純的交易，變得很糾結！很複雜！

事實上，走勢就是上或下，進場就是賺或賠，先把事情單純化！那我們可以做的就是，錯的時候停損，最多就是賠一定金額，而對的時候耐心續抱，等待行情發展，這就要配合明確的出場方法訊號，也就是操作系統的訊號。那麼把思維重點放在是否有操作訊號，而不是心情起伏。

為什麼心情起伏，因為希望買了就要漲，而事與願違心情就會起伏。那麼進場就不要做期待，而是專注在觀察訊號，要知道，就算錯了停損，這也是操作的一部分！行情順利啟動那就開始等賣出訊號！有訊號出來就賣掉，不用管後面到底是漲還是跌，因為如果會繼續漲，那一定也還會有進場的訊號；那如果賣出後開始跌，那也與我們無關！

心中只有買賣點，不要有漲跌！那交易就會單純很多，心裡也會輕鬆很多！

5. 操作就像種田

一年有四季，每個人都知道，而農夫在決定要種什麼作物以後，絕對會看當時的季節，來決定是否播種。一般的週期就是春耕、夏耘、秋收、冬藏。春天是播種的時候，也就是醞釀的時候。夏天是作物開始長大了，開始進行成長的時候，可以明顯看到形狀上的變化。而當到秋天，作物長大到可以收成的時候。接下來就進入冬天，讓農地休耕，農人們也進入了休息階段！

你有感覺到操作也是這樣嗎？市場也有這種循環存在，每段行情啟動以前，打底階段，醞釀蓄勢待發之勢，就像是春天播種一樣，這個時候進場價格較低，但是現在進場是需要等待的，而我們可以等待發動時的那一刻，那也是技術分析在做的事。

找到起漲點，找到發動點，而這時候就是進入行情啟動的時刻。就像是夏天的耕耘時期，這時候也是北上列車進行中，我們要在車上坐好，不要輕易下車。因為這段時間，就是行情快速脫離成本，帳面上獲利數字最好看的時候。要坐得住才賺得到大波段，沒有農夫會在稻米還沒成熟的時候就把稻米收割的。

你有沒有覺得操作跟種田很類似！但是投資人卻常

常做提早收割這件事！有些人是因為沒有明確的交易系統！而有些人則是有交易系統卻也不會照做！如果你有交易系統你自然會知道什麼時候夏天結束進入秋天！

當行情進入尾聲，也就是火車要反向出月台了！那麼我們就可以打包下車，把帳面獲利收拾收拾！這個時候的帳面獲利會比最高點的時候還要少一點，但這就是正常的，不用太在意，獲利了結的獲利才是真的，帳面的浮動數字不是！這就是秋天收成時刻！

如果你只買進做多，那這個時候就要休兵了，你可以拿一些獲利去佈施，去慰勞自己。但不用再積極進場了！因為這時候是冬藏的時候，沒有農夫會在冬天播種的，作物不會因為你的積極而長大，行情也不會因為你的積極而漲停板，但是你卻會因為你的積極而把獲利回吐，甚至倒賠，只要好好靜靜等待下一次春耕的機會，這樣就會是市場上常保獲利的常勝軍！

市場就只是一直不斷這樣循環而已，你說簡單嗎？是啊！用說得很簡單！但事實上也這麼簡單！那為什麼好像進場操作的時候沒有這種感覺？那是因為你不懂價格的循環啊！農人有農民曆，有氣象預報，知道春夏秋冬的季節變換的常識，知道現在要做

什麼事，在對的時間做對的事！

　而操作的時候也是，你必須知道市場脈動，也就是現在市場是什麼情況，在什麼位置，而在技術分析裡頭就是操作系統！這樣它才可以像氣象預報這樣告訴你現在市場是在什麼地方，告訴你你現在該做什麼事！也只有這樣你才能在對的時間做對的事！那麼才會大賺小賠！

　跟著市場的節奏，起舞，感受到市場春夏秋冬的時節！那麼你的操作就會進入下一個檔次！

6. 操作就像搭電梯

　　來想想我們平常怎麼搭電梯吧？你是不是走到電梯前面，按「上」，然後等著電梯下來，或是電梯本來就在一樓。接著，電梯停穩，然後門打開，我們才會走進去，接著按我們想要的樓層，門關閉，等著電梯移動，然後電梯停穩，門打開，最後我們走出電梯！

　　你有想過，這中間有一個環節不對，我們就不會順利到達想要的樓層了嗎？

　　如果一開始電梯是往下的，門打開，你會不會進去呢？一定是不會的，因為你想要上樓！如果你進去了，那麼電梯就會往錯的方向發展。在操作裡頭就是，你想要搭北上列車，因此你看到南下列車你就不會上車！偏偏投資人，搭電梯會注意，操作的時候不會理會這件事！

　　如果電梯門開了以後，你發現裡面電梯沒有停穩，或是停在半空中，你會進電梯嗎？一定不會的，因為這樣進去不知道會不會有危險，會不會突然掉下去，會不會被錯位的電梯夾到。在操作裡就是，開盤了，看到長紅了，看到快漲停了，就急著趕快進場追，但不知道現在到底是空頭趨勢還是多頭趨勢，是底部還是頭部，只

知道跳進去，如果電梯門打開，裡頭沒電梯呢，這樣多危險？偏偏投資人，搭電梯會注意，操作的時候不會理會這件事！

如果從 1 樓進電梯後，按了樓層 5，現在到了 3 樓，你會出電梯嗎？一定不會的，我們會繼續在電梯裡面，等待電梯繼續往樓層 5，如果你在 3 樓出電梯，不就到不了 5 樓？在操作裡頭就是，當行情啟動，你買＄50 元，漲到＄52 元，甚至漲到＄60 元，然後你就賣掉了，覺得自己賺很多了！結果最後漲到＄100 元，隨便賣都可以賣＄90 元以上，你卻下車了。你要做的事，只要按兵不動，不要做任何事，就可以賺到大獲利，大波段！偏偏投資人，搭電梯的時候會注意，操作的時候不會理會這件事。

如果電梯現在順利到了你想要的樓層了，你出電梯了，你會再回頭趕快進電梯嗎？一定不會的，你到了目的地，還進電梯？在操作裡面就是，你順利抱了大波段，也賣出了，但當行情在高檔震盪出貨，出了個長紅，你又追進去了，你又怕他漲上去沒賺到，然後隨後行情就往下，剛剛的獲利回吐，再糟一點就是被套牢，把獲利全部賠完甚至倒賠。偏偏投資人，搭電梯的時候會注意，操作的時候不會理會這件事。

繼火車與月台後，操作又像種田，操作又可以和電梯扯上邊了？事實上我想說的是，操作的很多思維邏輯是跟我們本來生活中的很多事情都一樣，說操作可以體會人生也不為過！也因為這樣，操作本身不就是很單純的事嗎？因為這些觀念我們本來就知道了！本來也就習以為常！所以只要我們正視這些觀念，在操作的時候，也把這樣的觀念放進來！那麼我們操作的心態就比較能趨於正確！希望你也能慢慢體會！

7. 趨勢的重要性

我們常常聽到人家說，操作要順勢而為，趨勢！趨勢！趨勢！還是趨勢！很重要所以不只說三次，而是說好幾次，到底趨勢是什麼？為什麼掌握趨勢的人就是勝利者！

我們可以先想像一下海浪、洋流，看看它們是怎麼流動的，不論什麼方向來的海流，只要進入這個洋流的方向，那就會被帶動，而形成相同的方向，而這個方向就叫做「趨勢」。再來看一個例子，當海嘯發生的時候，是不是不管什麼東西，包含海流，樹，房子，車子，只要海嘯沖過去的地方，沒有一個東西不會跟著海嘯的方向發展，這就是趨勢的力量。

也可以說趨勢是一種慣性，當大卡車，緊急煞車時，是不是沒有辦法馬上停下來，這就是車速還在車體上，然後持續往原本的前進方向滑行，慢慢地透過煞車減速，才會停下來！而在操作裡頭，大趨勢只有兩個方向，不是往上就是往下！很簡單對吧！當上升趨勢形成，是不會隨便停下來的，就像是高鐵一樣，就算要停下來也不可能馬上轉向，從本來北上列車高雄往台北，下一瞬間，突然往南開，我們都知道這是不可能的，沒

有經過一定時間的減速，然後停下來後，才可能往反方向開。

這在操作裡頭也是一樣的，上升趨勢在啟動後，就會吸引市場開始推動，並且像高鐵一樣，往前衝，這個時候，你不管什麼時候上車，都容易做對方向，只是賺多賺少而已，因此就像前面講的，「最容易獲利的圖形」一樣，那就是一個發動的趨勢，所以為什麼趨勢這麼重要，他會帶我們往對的方向前進，而操作不就像是一個猜邊的遊戲嗎？猜往上還是往下，那你選對邊站，不就自然變成獲利的保證嗎？

就算趨勢要結束，也是像高鐵一樣，需要歷經減速，月台休息，然後才會反向，這在操作裡頭，就是上升趨勢，進入最後一個月台，然後在反向出月台，這個過程中都是需要時間的，也就是說這部分也需要一個心理時間軸，火車不會隨便停下來，行情也是，醞釀趨勢也需要時間，起漲後需要時間，結束做頭也需要時間，下跌也需要時間！

而追隨趨勢的盲點就在於，當行情發生底底高，峰峰高的時候，那個每次的回檔，到底只是回檔，還是真的趨勢要結束了？讓投資人心驚驚，但事實上可以很單

純的解決這個問題，第一：配合停損，錯了也只是正常，慎選進場點可以減少失誤。第二：靜觀其變，前面說過，就算要結束也需要進月台休息，做頭也需要整理，也需要時間。

　　如何掌握趨勢，本書教的方法就是一種最簡單卻是也最核心的方式，更細膩的方式就是操作系統的優化，讓進出場的點位變得更刁鑽，讓報酬率更高！不論如何，透過操作系統，和我們學習的操作技巧，可以讓我們容易站在對的那邊，也就是掌握到趨勢，那麼至少操作的時候，不會是用猜的，也容易進入大賺小賠的那邊。

8. 五大致命交易方式

在操作裡頭，有一些方式是很容易讓人「畢業」的，所以我們來談談這些事，如果你可以避免發生這些事，那麼就可以在市場上存活久一點，因為別忘了，操作是一場馬拉松！

1. 信任「內線」消息

為什麼內線交易容易讓人畢業？

我記得，有一次一個朋友在某生前契約公司上班，然後在群組說，他們公司有傳聞，目標上看＄130元（當時股價＄100元左右），我當時看了線圖，並不是一個北上出月台狀態的股票，甚至有一點南下月台的味道，我簡單回了，我覺得現在不適合買，後來過了幾個月後跌到＄50元，我不知道群組有沒有人買，但這樣的故事卻常常發生在我們週遭，或正確的說應該說「事故」。

如果，你朋友在某家科技公司上班，然後聽到這家公司要被美商公司併購了，他跟你講這個消息，你就覺得股價要漲了，所以趕快跳進去買，結果漲停一天，之後就跌回來了，你沒有做任何功課，不知道這是一間老闆出了名炒股票的公司，待過的公司都可以炒到幾百甚

至破千，然後跌到個位數！如果你知道了，你還敢買嗎？

所謂的「內線」消息，就是聽明牌，可以從董監事，高層主管，甚至到員工，甚至到不是員工的外人，包含名嘴或是營業員，或是路人，只要他們任何一個人，跟你講說這支股票會漲，然後講的興奮不已，說訂單接很多，說前景看好，說外資都要買，說主力要拉，說他自己已經卡位了！不論他說了什麼內容，重點就是，你信了！那麼災難可能就來了！

如果運氣好，真的買了就開始漲，你看到你的股票漲了1倍，恭喜你帳面上賺錢了，但因為你不知道什麼時候要賣，所以最後又跌回來了，甚至倒賠。

還有一種可能就是，你真的賣出獲利了，就真的以為自己是股神了！然後開始買其他的標的，大刀闊斧，霸氣十足，卻沒想過你是聽人家報明牌才買的，你根本不會選股，不知道什麼時候要進場，什麼時候要出場，這樣子的下場當然就是把獲利賠光，甚至賠更多。

聽「內線」消息，最容易遇到的應該就是這種，你可能買完後不會漲，然後開始跌，越跌越兇。然後越跌越便宜，你就買越多，以為撿到便宜了。消息指出要漲

到 200 元，買的時候 100 元，現在跌到 80 元了，趕快多買一點，真的是跳樓大拍賣，又繼續跌到 50 元了，一樣的錢可以買兩張了。你再繼續買，但是現在帳面損失越來越大，開始每天睡不好，開始恐慌，開始擔心你最擔心的狀況要發生了。你希望他趕快往上，跌到 20 元開始反彈到 40 元，就算跟 20 元比，已經漲一倍了，但是你已經損失慘重，你只希望他可以回到 80 元，甚至不要賠錢就好了。

最後這支股票連續跌停，跌到個位數，好一點會繼續在這個位置萎靡不振，大部分這種公司，應該會下市，然後你的股票就連壁紙都沒辦法當，因為現在的集保制度，已經沒有紙本的股票了。你就會在這一次戰役中，一蹶不振！然後覺得市場吃人！這樣，是不是致命的交易方式呢？

聽消息事實上沒有關係，但是自己心中要有一把尺。在操作來說，你自己需要會方法，需要有判斷的標準。而不是人云亦云，「內線」消息、聽明牌最嚴重的問題就是聽的那個人往往都是沒有方法的茫茫然，根本不知道市場是何物。只知道說 100 萬元進去，聽了明牌會變成 200 萬元。

這種心態跟賭博有什麼兩樣呢？你過馬路的時候，如果聽到隔壁的人說走，你就往前走，而且不要看路，你覺得這樣危險嗎？相信大部分的人都不會這麼做的！因為真的太可怕了！但不知道為什麼在市場裡，聽人報明牌，就像是盲目過馬路的人，這樣的人卻到處都是。我們知道持續做對的事，時間拉長很容易會有好結果，那如果持續做這種毀滅的事，你覺得這樣是不是遲早都會出事呢？所以絕對不要讓這種事發生！

2. 逆勢交易

你進場交易，你觀察到一支股票價格 50 元，而且它是從 100 元跌下來，現在又出了一個 K 線型態的買點，你覺得他已經到最低點了，你也想要買最低點，所以你就進場了。不料價格連彈都沒有彈起來，從 50 元繼續下跌，跌到 40 元，這次又出現一次酒田戰法的 K 線型態。剛剛那次如果是錯的，那這次一定是假跌破，這邊買一定是最低點，這樣你就可以買到了。奇怪，為什麼越買越低，價格卻一直沒有回升。歷史上就有宏達電從 1300 元跌到 40 元的例子，你不管在中間哪一個時間點買，跌到 40 元，應該都損失慘重，如果又過大槓桿融資，那我想沒有陣亡也是很難！

操作從來不需要買最低點，買到最低點可以是一種成就感，或是一種榮耀，但是他卻不是必須的。因為行情一定是從最低點後，才會轉為上升趨勢，也只有轉為上升趨勢後，你回頭看才會知道原來之前那個價位是最低點，因此去猜最低點是不切實際的。在那個疑似最低點價格的當下你不會知道他是不是最低點，而且就算買到最低點，需要整理的時間也很長。

我們為什麼要出月台買，就是因為那已經整理完了，直接要上漲了，這樣就可以省掉在底部盤整月台的時間。想要去抓最低點，是不是就違背了剛剛我們前面講的，趨勢！趨勢！趨勢！ 要抓最低點，一定是在下跌趨勢的某一個時刻進場，那時候已經是上升趨勢了嗎？不是！那麼就有可能被大海嘯吞噬掉，這就是逆勢交易容易產生的後果！

晚一點進場，等待趨勢確立，那樣子反而安全，而且用時間效率來說，反而容易是主升段，行情啟動更容易拉開成本，這樣子就心理層面來說，更不容易在底部月台洗盤的時候，心裡難熬，或抱不住就被洗掉了。因此，等趨勢確立，晚一點進場優點多，想要猜最低點的逆勢交易則是少做為妙！

3. 重倉交易

　　你會想要進入金融市場，一定聽過很多爆賺神話吧！有人用 20 萬起家，賺了上億，有人用 10 萬賺千萬，有人用 8 萬變成千萬身價，也希望這種事發生在自己身上！所以當進入市場一陣子以後，也認為自己練就一身功夫了，開始胃口大了，每次都梭哈，全部壓一檔，甚至用大資金買期貨選擇權，因為只要一對，本金就瞬間翻倍！而且還順利連續對好幾次，10 萬的本金，經過兩三次翻倍就變成 50 萬左右，心想，只要再繼續這樣下去，50 萬變 100 萬，100 萬變成 200 萬，很快就可以有千萬身家了！

　　通常我們這樣想的時候，都是行情要準備反噬的時候，這時候 50 萬的部位全部都在裡面，行情輕微反轉，帳面損失暴增！一下就變 25 萬，再繼續跌，馬上就侵蝕本金，不要說回到 10 萬，常常都是血本無歸，如果是期貨，還會被追繳保證金，本金沒了還倒賠。這時候又開始怨天尤人，為什麼那種爆賺神話不是你自己。

　　這一切都因為重倉交易，太心急想要賺錢了！而沒有考慮到資金控管，什麼位置，多大的部位！這些都沒有考量，只想著本金如何翻倍，只想著我這次對就要翻

身了！那如果這次錯，是不是連東山再起的機會都沒了呢？

還記得，操作是一場馬拉松嗎？沒有跑馬拉松選手會一直衝刺的！都是盡量控制體力，好完成整段賽事。而在操作裡頭的賽事，就是你進市場的每一天。沒有離開市場，那你就是還在賽事裡頭，那你就必須要想辦法繼續存活，想到風險的存在！

沒錯！下大注壓對寶，的確可以快速看到暴增的報酬績效，但風險永遠都是伴隨在後。有時候也不是你看錯，但是短期的洗盤，卻可以讓下大注的資金部位承受過大的浮動虧損，導致毀滅性的災難。

如某次總統選舉發生的兩顆子彈事件，市場兩根跌停板，直接變成穿倉，就算不用一個禮拜行情就回來了，但是資金部位卻永遠回不來了！要不然怎麼會有證券公司的高階主管因為這種事件發生天人永隔，上社會新聞呢！

細水長流的做法，在進場之前控制風險，這樣可以確保任何突發性的事故發生，你不會發生毀滅性的結果！一開始就設定最糟的狀況，然後會損失多少，心

裡有底，也可以確定下一次機會再來就可以掌握住。長期下來，這次的損失只是開車路上遇到顛簸，壓到小石頭，還是可以通往目的地，而不會是正面撞山壁。你覺得你一輩子開車，你可以正面撞山壁幾次？應該一兩次大概這輩子就結束了吧！所以在操作裡也不應該讓自己時時刻刻承擔這種風險。

積極性的做法，從低資金，開始練就一身功夫，十年磨一劍，不用心急！你不論是看武俠小說，還是電視劇，還是現實世界中的習武之人，是不是都是沈潛好幾年，然後把基本功練起來，練到很扎實。第一，身體素質會變很好，身強體壯，不容易受傷，第二，未來遇到高人指點，習得蓋世神功的時候，可以學習的很快，而且容易學透。

你想想，如果一個奇人教了你輕功水上飄，讓你可以在水上行走，但你什麼基本功都沒有，然後他就把你丟進水裡，你應該輕功還沒練成，就真的在水裡飄走了，這樣是不是就算有蓋世神功可以學也沒用呢？所以紮馬步是很必要的！會了以後，你要放大槓桿是很容易的事！也很多方法可以做到！那何必急於一時呢？

這些爆傳神話事實上都是他們沈潛夠久，基本底子

很扎實，然後等待時機，在關鍵時刻才出手，並且也不是梭哈，而是有最大風險承擔能力，才會在一次戰役中脫穎而出，造就神話！而不是盲目的重倉交易，大心肝的放大部位，想給對手致命一擊，結果最後是給自己致命一擊！

4. 短線交易

我常常說短線交易，「先天不良，後天失調」，為什麼這麼說？短線交易成本和波段交易比起來成本高很多，如果 50 元漲到 100 元，交易成本包含手續費和稅加起來算一次的話，你短進短出，50 元到 100 元，每段都做到，一次賺 5 元，賺十次，一樣是獲利 50 元，但成本變成十次，多十倍。

再來實際上週期越短，你在每一個迷你小波段的掉的價差就越多，從我們火車操作法來看。每一次最後的月台從最高點回來，都有一段沒有賺到，同理在小週期的短線交易也是，也就是說，本來有 5 元的行情，能賺到 3~4 元就不錯了。

加上進出次數越多，失敗率就會上升。我們每一次進場都要承擔一次新的風險，當你 50 元進場，行情開始走，拉開成本後，你需要承擔的風險就一路下降，漲

到一定程度，你只有賺多賺少的問題；是賣 60 元，還是賣 100 元的問題，而沒有會不會賠的風險存在。

所以進場在對的位置就是降低風險最好的方式。不過這不是在這討論的重點，重點是，當你為了短線交易，以為可以高出低進，買低賣高，這樣把每一段行情都吃到的想法，卻是把本來 50 元佔的好位置拿掉，然後開始增加你承擔風險的次數，每一次新的進場，就是重新承擔一次風險，我們的勝率不會是 100%，自然就會增加失敗次數。

那麼，同樣 50 元漲幅的行情，採用短線交易，不但要損失上頭尾去掉的小價差，及失敗率的增加造成的虧損，還要承受有交易成本的提高，這樣是不是「先天不良，後天失調」呢？

還有一個比較少人在意的最大風險，那就是身體健康。隨著操作週期的縮短，你就越需要貼近盤面，敏銳觀察市場的變化，以及行情變動，那麼在看盤時候的專注度，就會很傷眼睛，以及長期久坐，傷筋骨，傷腎臟。我個人認為，就算賺到錢，而犧牲健康是不值得的！更何況很多人為了做短線犧牲了健康，結果還沒賺到錢，那不就得不償失。所以我很不鼓勵做短線。

5. 不停損或是過度停損

我們一直在說大賺小賠，大賺小賠，其中的小賠，就是停損的意思，控制損失在操作是很重要的一環。這也不是什麼新觀念，一般做生意也是，如果你開了 2 間店，其中在一間賺錢，一間在賠錢，請問你會把哪一間關掉？我想一定是賠錢那間！放在操作裡就是把錯的標的賣掉，留下對的標的。但是大部分的投資人會把賺錢的標的賣掉，然後留下賠錢的標的，希望他價格回來。這就是有違常理的做法，而且也是為什麼散戶長期下來不會賺錢的原因，停損會痛，覺得不想面對損失，不想虧錢，如果不想虧錢，那真的不應該進市場操作，應該用定期定額的方式，去做儲蓄式的投資方式，不會賠錢，較安全，但相對報酬率較低。

不停損，那麼價格就可能從 50 元跌到 40 元，再不停損，價格可能就跌到 30 元，已經要腰斬了，你現在停損可以拿回一半的本金，但是你一定想，我賠 10 元已經沒賣了，賠 20 元怎麼可能會賣，然後就繼續抱著，期待價格回升，最後剩下 10 元，甚至下市，本來可以拿回一半的錢，現在本金歸零，如果還用融資，那可能賠更快；用期貨，還要補繳保證金，本金沒了，還要倒賠！

如果，現在換一個方式，價格 55 元跌到 50 元，我們停損賣掉，賠了 5 元，然後我們重新等待進場的時機，進場。結果又賠了 5 元。現在我們又繼續等待進場的時機，進場，這次做對了，火車順利北上啟動，我們從前面範例都可以看到做對一次，價格很容易從 50 元漲到 60 至 100 元，甚至 200 元，剛剛總共賠了 10 元，只是這次做對了，獲利馬上就大於虧損。

你進市場到底還是為了想獲利吧！那如果停損可以讓你獲利，你要不要做呢？還是只是一味地不想要有損失，連後面有機會賺回來的機會都不要了呢？

從這個例子我們可以看到，我們總共進場三次，錯兩次，對一次，然後就獲利，但是如果我們不停損，可能一次就畢業了，沒畢業也是套牢，這筆資金根本不能動，不能去幫我們創造後面大於損失的獲利機會，那試問？你還要執意不去做停損這件事嗎？

這次標的錯了損失了，那就代表我們開了一間會賠錢的店，趕快收起來。下次還可以繼續開有機會賺錢的店。下次再進場，這次標的獲利了，那就代表我們開了一間會賺錢的店，那就不要隨便把店關掉！繼續讓他獲利發展。試著用這種想法來看待停損這件事，同時也要

拉高自己的眼光，試著用宏觀的角度來看這件事，停損是為了下一次的獲利，而不是停損就代表你的操作是失敗的！

跟停損相反的就是過度停損，如果說不停損這是鯨吞，那過度停損就是蠶食。相對於不停損造成的巨大損失，過度停損每一次一點點，但是長期累積下來也很驚人。以前我一開始學習操作時，知道停損的重要性，所以就很積極的停損，只要一點點風吹草動，只要買進後行情稍微往下，就趕快停損，只要買進不漲，就趕快停損，像是驚弓之鳥，結果半年下來，我發生巨大損失，本金消耗殆盡，也就是我操作外匯保證金破產的時候，事後看那些買進的位置，大概超過一半都是對的，也就是只要我繼續在車上，行情就會順利發展，結果我卻因為坐不住，而讓自己本來可以獲利的交易全部變成賠錢，而且還把本金消耗光了！

這裡就要談到為什麼會過度停損。第一個，過度害怕虧損。你可能會想，停損下去不是就虧損了嗎？怎麼還會一直去停損，然後說過度害怕停損。因為本來設定的停損金額可能對資金部位或是對自己心理層面來說損失太高了。因此在還沒發生之前，會自作聰明地想要提早出場，這樣就不會等到真的破了停損，還要比現在停

損多賠一倍的錢。就是這種小聰明，結果反而多賠不必要賠的錢，因為事後看，行情發展根本就不會破我們當初設的停損！

第二個，因為停損點設的位置有問題，如本書教的，我們停損的位置在本波低點或是月台下方，和出月台的K棒低點。這些位置是行情的關鍵位置，也就是如果價位與預期相反。破了這些關鍵位置，那代表行情可能真的不如預期，不會馬上發動行情，甚至根本沒有要漲，而是要反轉。

那麼既然關鍵的位置失守了，我們停損，退出這個不對的地方，就是很正確的選擇。這是建立在有明確操作系統之上，所以可以讓停損這件事變成對的事。

但像我以前並沒有明確操作系統，甚至用固定點數停損，沒有去考慮到商品特性、震幅等等因素，只知道要停損，然後把停損位置設定在一個不是關鍵的位置，也就是奇怪的地方，那種停損的地方，真的停損出場了，不代表行情發生變化，而是可能是行情很容易洗盤的位置，那自然就很容易被洗到，然後停損出場。但是後來行情卻又如預期開始走了，令人扼腕。

因此停損之前，要先確定你知道是不是瞭解市場走

勢，是不是了解價格波動的定律，是不是知道什麼地方是關鍵位置，了解了以後才把停損放在這些關鍵的地方。當行情觸及到停損，你就知道不對了，那麼這時候，停損才會真的幫助到你在行情不對的時候小賠出場。而不會變成知道停損很重要，所以就盲目的停損，累積造成巨大損失。

不停損很可怕沒錯，但是過度停損一樣可怕，透過我的經驗希望可以讓你記取教訓，不讓這些事發生！

以上講了 5 個致命交易方式，也許很多人覺得是老生常談，但為什麼會是常談，就是代表這些都是重要的東西！聰明的人，學習前人失敗的經驗，然後獲得成功。普通的人，自己經驗到失敗，記取教訓，然後獲得成功。愚笨的人，自己經驗到失敗，沒有反省，然後繼續失敗。

9. 每次下單時的猶豫

　　每次操作時，你做了很多研究，看了很多線圖，也終於選到符合買點的股票了，結果……。要買進的時候卻又很猶豫，很怕買下去就賠，很怕買錯，很怕買了不是最飆的，很怕很怕，這個也怕，那個也怕！所以遲遲不敢下單，甚至還要問別人，你覺得我買了這檔好不好？會漲嗎？別人如果知道他早就比比爾蓋茲有錢了！

　　這到底是什麼心態呢？說穿了就是「疑」，起疑，信心度不夠，對自己的決定沒有自信，才會這個也擔心，那個也擔心，而如何改善這樣的問題呢？

　　首先，一定要先有一個認知，市場本來就存在不確定性，本來就不可能有 100% 這件事，有這種錯誤的期待，就是造成不安全感最大的原因，所以必須理解不確定本身就是這個遊戲的一部分，如果沒有辦法接受，真的不應該進入市場。

　　第二，我們應該要對操作系統做到徹底的了解，才可以幫助我們建立起要進場時的信心，對自己的操作系統的認識不夠，也就是不夠熟悉，不熟悉包含對市場走勢的不熟悉，以及對操作系統能幫我們辦到什麼程度不熟悉，那自然就會怕怕的。就像你第一次開車一樣，你

不知道那種踩油門加速的感覺，以及踩煞車的減速的感覺，那種陌生感會讓我們對未知怕怕的，而要對操作系統徹底了解，那就必須要做大量的練習，用操作系統做大量練習，我們就會知道它的能耐，也才能知道他為什麼會是一個有用的系統，也許不會每次都是逮到飆股，但是就算不是飆股，透過操作系統，也可以賺到該賺的波段，而且獲利也很好，知道了以後，信心度才會建立起來！

第三，設想好最糟的狀況，如果我們這次進場是錯的呢？那我們有配合停損呀！是不是再下一次我們就可以再掌握獲利機會呢？如果是，那麼這次的錯誤，就不是那麼重要了！從剛剛前面講過的例子我們可以知道，做對停損這件事，後來的獲利是有辦法大於小虧損的，那麼最糟的狀況就是停損，可以接受嗎？可以，那這樣子要進場，還有什麼好怕呢？

10. 想要小賺，那就永遠賺不到大的

很多投資朋友，包括學員都會有一種想法，我不要貪心，有賺就好，賺一小段我就走了，這樣感覺可以把帳面獲利實現，這樣感覺很務實。還有一種想法是說，我先從小段的開始賺起，等到做的好了，再來賺大段的。

這兩種想法在操作上都是大忌。我們前面有提到，你每一次進場，你都重新承擔完整的風險，只有隨著行情拉開成本，你的風險就趨近於 0。那在這種 0 風險的狀況下，你不就應該思考，如何讓獲利更加放大，也就是說不能只賺了就跑，因為賺了就跑，下次你就要重新承擔完整風險。

所以，已經對了，那就不能只是小賺，而是要想辦法抱久一點，甚至加碼，才能大賺。只有這樣子的大賺，可以輕易的彌補停損的損失，讓你績效很容易變成正的，也只有這樣子的大賺，才能累積財富，要不然就變成窮忙族，賺賺賠賠，或是賺一點小錢，好像在操作上績效是正的，但是事實上對財務上於事無補。

而且，讓你小賺的操作方法和操作心態事實上和讓你大賺的大波段方式是不一樣的。你怎麼可能用小賺的心態和方法，套用在讓你大賺的大波段作法上呢？不同

的方式在學習上是不容易堆疊的，讓你小賺的方式和持有時的心境，是很難直接套用在大波段上。就算方法一樣，心境上也不一樣，一檔標的，你抱 5 天賺了 20％賣掉，跟叫你抱 50 天，賺了 100%，心情上是完全不同的，那是不是應該一開始就要練那種持有天數比較長的感覺，讓心理可以成長，可以去習慣這樣子的持有部位感覺。

不要想說 100 元，我可以分 10 次賺，前面有提到這樣成本變為 10 倍，失敗率提高，所以整體下來績效就會很差，這種 100 元的大獲利，不但持有的時候輕鬆，其次有大獲利就容易彌補虧損。這對信心的建立有正向幫助，你才有辦法一直堅持在這條路走下去，操作獲利和用操作累積財富，事實上是兩件事，而一定要走向大獲利，才有辦法累積財富！你可能會想有些當沖高手也是慢慢獲利累積變成多少身家之類的，但對我來說這一樣是很累的！也不自由！

我這裡指的財富是類似你不用工作就可以生活的很好的情形，但如果每天還要戰戰兢兢的操作，那就像工作一樣呀！

你想要在操作上賺到大錢嗎？那你就絕對不要滿足於小獲利！

11. 350本書的自學經驗

在大學時我開始接觸到投資，開始在圖書館裡頭找書看，那時候看了250本書的投資書籍，畢業後陸陸續續也看了超過100本！

這對我的操作之路當然有幫助，但是卻是一種費時而且繁雜的日子，因為是新手，所以不知道什麼是重要，什麼是不重要，那全部的書就會照單全收，從基本面的財務報表，會計上的財務數字，到技術面的技術分析、K線、均線、KD指標、MACD……各式各樣的指標，甚至到哲學式的交易，你看了也沒辦法學習的一種操作境界，全部都看。事實上現在除了比較技術面的東西，跟我現在操作系統比較有關係的技術分析和心法我還記得，其他方面的東西，也忘得差不多了。

而技術面的東西，今天這本書教了一個指標，明天那本書又教了另一個指標，每本書講的都很神，都想試試看，一個指標不夠，放兩個，又學到一個新的，再加進去，一個螢幕放了5種甚至更多指標，這樣子不是綜合研判，應該更準確不是嗎？結果還是沒辦法獲利。你說那些書都是騙人的嗎？這些指標都沒辦法獲利嗎？我想不是的，癥結點應該是自己沒有透徹地理解使用方法。

除了看書，我後來也去上課學習，就算課程教的東西並不完美，但至少是比較有整合歸納的內容，也就是開始知道重要的東西是什麼，什麼樣子的東西是次要或是不重要的，以前看書學到的東西才開始發酵，然後自己才可以就課程所學的一個框架，融會貫通，加入自己的東西，去蕪存菁，才有現在我的交易系統的誕生。

　　這樣子每天研究 10 小時以上，最少歷經 4 年以上，現在回想起來，也許這些都是可以成為我的經驗值。但是是費時的而且走了很多彎路，也賠了很多不必要賠的錢。我常常跟學員說，為什麼要上課？因為可以買到我的時間，我花了那麼多的時間和心力，才整合出這樣子的系統，你現在只要花一些錢就可以取得了，而且花的錢比我賠的還少太多了，我覺得真是太便宜了，對你自己來說，如果沒方法可能賠更多。所以如果真的是一個有效的方法，那上課這件事就值得去做，不需要像我這樣花很多很多的時間。

　　所以我認為，與其花時間自學從頭整合，不如去找到一個肯教的老師學習，可以少走很多冤枉路，然後學會後，自己融會貫通，再進行優化，這樣子才是最有效、最省時，也最省錢的做法！別忘了，你之所以想進市場，應該是想賺錢，而不是當研究員吧？

12. 學習操作系統的 4 個步驟

在學習操作的階段，一定會經歷到一些過程，譬如上了很多課，然後學了一套操作系統，但是真的開始貼近盤面看盤，而且進場後，就會開始發現問題重重！然後又去找更多方法，想要找到更好的交易系統！

有時候這個問題事實上不是在操作系統上面，而是我們自己對操作系統的認識的問題，所以我把它列為 4 個步驟，這幫助我們在學習操作系統的時候，可以好好的釐清，自己現在是走到哪個階段！

1. 學會一個系統

所謂學會一個系統有幾個層面，首先，你有操作系統嗎？是看書得到的嗎？還是去上課得到的？還是你東拼西湊，把各式各樣的聽到的招式組合在一起？如果你都沒有，代表你沒有一個操作系統，那這樣這 4 個步驟也就是空談！那就先去取得一個吧！而這本書教的就是一個很完整的操作系統。

當你有一個操作系統後，再來你需要瞭解這個操作系統是怎麼運作的，舉例來說，我們教的火車操作法，包含趨勢的研判，北上月台，南下月台，如何進場，如何出場，

如何加碼……，每個環節，都理解了嗎？

　　像是很多學員學習後，還搞不太清楚一些點位的定義，還有買賣點要符合什麼條件，這就是這個部分還不清楚，還沒有學會一個系統，一般人應該需要學習 5~20 遍，才會理解這個系統如何運作，也就是操作系統是一個 SOP，就算還不會做，但至少要懂他如何運作！

　　懂了以後才有辦法進入下一個步驟，很多人在這個階段會自已以為懂了，事實上根本就是有聽沒有懂，如何判斷你自己懂了沒有，一張線圖拿來，按照操作系統該如何進出場，有辦法一秒鐘指出來嗎？有辦法一秒鐘看出買賣點嗎？這線圖是已經發生的線圖，不是叫你去選股找標的來測試，也就是做作業，找歷史走勢看看如果用這個操作系統會怎麼做！接著才來進入下一步。

2. 做大量的驗證，體會系統

　　我們在上一個步驟先學習會了操作系統如何運作，但是操作系統是不是真的可行呢？因為我們很容易學到一些操作系統，能操作的行情很狹隘，或是很有侷限性，那麼我們就必須去驗證這件事，這裡說的不是程式交易拿去回測，而是透過我們的雙眼，好好去檢視它，一張一張的歷史線圖拿出來，一根 K 棒一根 K 棒去往後推，把後面 K 棒

蓋住，如果在當下，透過這個操作系統發出的訊號進場，會不會順利買到正確的位置，是不是會獲利，獲利要怎麼出場，再一根一根K棒往後推，如果是停損，那會是怎麼樣的狀況！

在這個過程，我建議是 500 張以上的線圖。事實上 500 張我也覺得不夠，至少要 10,000 張以上，一大段週線的波段，從下面的月台，走到上面都走完，算是一張，空頭就倒過來看算一張。這樣子數量的線圖看完。　第一，你會建立對這個操作系統的信心，知道他會是一個可行的操作系統，知道按照操作系統的方式進出會獲利，第二，體會這個系統，我講的是體會，而不是理解，理解在前一個階段已經做完了，當你知道這個操作系統獲利時候的狀況是怎麼樣，知道這個操作系統最糟的狀況是怎麼樣，那你就能跟他融為一體。

3. 執行系統得到好的成果

在經過大量練習後，開始熟練操作系統後，那麼才可以進入市場，用操作系統發出的訊號進場、出場，然後使用操作系統為我們帶來獲利，因為在前一個階段，我們已經非常熟練操作系統的買賣點了，並且我們有信心堅持使用這個操作系統給我們的訊號，那麼我們就可以看到操作

系統發揮效果。

實際上在前面一兩個階段應該會花費不少時間，第一個階段可以透過學習、上課來縮短時間，但是在第二個階段就是紮馬步的功夫，如人飲水冷暖自知，沒有辦法偷懶，想要練就真功夫，第二階段是非常必須的，而也因為實際去完成了，在第三個階段就可以看到效果出來，這一切都是按部就班的，一般金融市場讓人覺得很投機，好像不勞而獲一樣，事實上要把這件事做好跟做一般的事情上成功沒有什麼兩樣，都是必須付出努力，熟練後才能有所收穫。

如果你手上是一個好的操作系統，那麼在這個階段你已經開始進入大盤大賺小賠的階段了，而且可能會是穩定的，那麼恭喜你，你應該繼續堅持持續的做這件事，這樣就可以慢慢累積獲利，讓獲利變成財富，如果你覺得這個操作系統使用上還有一些盲點，那麼接下來我們就進入下一個階段。

4. 優化系統

最後一個階段叫做操作系統的優化。當我們已經有一個操作系統，而且它還可以讓我們獲利，你有沒有發現，事實上這個操作系統不見得是完美的，但卻已經可以讓我們獲利了，所以這邊有一個很重要的觀念，就是系統不需

要完美，你就能大賺小賠，而這件事比完美系統還重要！

　　那如果你發現這個操作系統有不夠完善的地方，我們到了第四階段再來修正它，再來優化。而一般投資人往往還沒有經歷前面三個階段，就直接跑到第四個階段，學了很多的方法，很多的技巧，所以他不知道手上原本的系統根本就是個寶，卻不甘寂寞的尋找，沒有去好好發揮這個操作系統可以發揮的效益，就變成抓龜走鱉，自然操作績效不好，甚至還賠錢，然後又繼續的找方法，進入一種想要找很多方法，可是卻沒有一招式熟練的惡性循環中。

　　而要怎麼優化操作系統呢？我們這裡說的是優化操作系統，而不是建立一個操作系統，所以不是重新創造一個操作系統，而是讓本來的操作系統可以更好，讓本來的買賣點更刁鑽，買得更低，賣的更高！如果你對操作系統做的改善，沒有朝向這些面向發展，那可能不是正確的優化，保留原本的操作系統可能比較好！

　　以上就是學習操作系統的 4 個階段，每經過一個循環，你的操作系統就會變得更好，但是也不用變成強迫症，一直想要優化下去，如果優化到一定程度，已經可以穩定獲利，那就停在第三階段就好了！累積獲利才重要不是嗎？

　　別忘了，你進市場，應該是想賺錢，而不是當研究員吧？

13. 想像與現實的差異

當我們進場了以後，我們當然希望這支股票漲，而且看它從 30 元漲到 40 元，自己心裡就想說，這次應該有漲到 60 元的水準，當價格跌破我們的停利點以後，心想，還沒到 60 元，所以我們可以再等等看，後來價格就沒有再回升過了，然後我們又賣在一個很差的位置。之後我們又發現了另外一支標的，買進後開始期待他漲停板，因為他之前有出現過漲停板，但不知道為什麼，從進場後那天起就沒有漲停板過，也不太漲，最後甚至反轉往下，但因為覺得它之前有漲停板，所以一定是強勢股，還是再等等看好了，結果本來可以停損的好位置沒有停損，反而賠更多！你有這種經驗嗎？

在我們進場的時候，總是抱著各式各樣的幻想期待，但是當現實的走勢，不如預期發生的時候，我們卻不想接受現實，堅持行情後來一定會按照我們想像的那種樣子發生，導致操作結果變得很糟，本來可以賣在比較好的位置沒有賣，還在期待永遠都不會來的價格；本來可以停損在最小的風險裡頭，結果最後都多賠了原本停損的一兩倍；本來可以抱著半年獲利 100% 的，但短線上自己覺得不會漲了，亂猜高點，抱了 3 個月就賣掉了，結果只賺了 50％。這就是想像與現實的差異，漲

了 50% 是想像，實際漲了 100% 是現實，想像導致了不好的操作結果！

操作應該是腳踩在地板上，一步一腳印，看行情發展到哪裡，我們就做相對應的處置方式，而並非一廂情願的用我們想像，期待價格照著我們想像中的方式發展，所以我們不需要對行情有任何想法，只要專注在現在的價格走勢，是否符合操作系統的訊號，才可以把注意力拉回到現實來，而不是在停在想像中的美好！

當你這麼做的時候，你反而會發現，績效更美好了！因為一個好的操作系統本來就可以產生好的結果！只是因為你的主觀想法認定行情應該如何如何發展，讓你的操作偏離了操作系統的訊號，導致可以達成的成效沒有發揮。

所以當下次，你自己的想法和操作系統不同的時候，記得還是聽它的吧！因為你的想法是想像，而操作系統的訊號才是現實！

14. 預測高低點的迷思

很多人開始學了一陣子技術分析，就開始想要找到最高點和最低點，以為這樣子操作就可以無往不利，這樣子就能獲得巨大獲利。所以開始研究各式各樣的目標測量，包含費波南希數列，包含型態滿足、均線測量、箱型測量。這些測量，在指數類或是國際上大型金融商品正確度可能比較好，但如果放到個別個股，就非常不準，而且也沒有必要。

為什麼這麼說？因為飆股主力介入深，配合基本面的財報業績大好或是題材消息的利多，如果籌碼控制得好，常常會有超額報酬率，連續漲停板，或是漲好幾倍，這絕對不是測量可以測得出來的，這與當時市場的狀況，也就是價量關係和籌碼凌亂度影響，來決定可以走多久，而這個部分是沒有辦法預測的！那該怎麼做？

舉個例來說，你學會開車以後，你想去隔壁城鎮買東西，你只要知道如何開車，然後到目的地後，會停車下車買到東西，這樣就可以上路了吧！不用知道到底有幾公里。在操作裡來說也是這樣，你有操作系統以後，你只要知道如何進場，在什麼條件該進場，然後知道在什麼條件出場，這樣就夠了。

如果行情可以順利從高雄出發往台北，那就好好坐在車上，最好開到日本去不是嗎？那麼獲利就會更大！如果只是開到台中就不開了，那我們就下車！配合操作系統，就可以達成這件事。要不然就算真的你測出，從高雄開到台北，你中途就下車了，那有什麼用？

例如：你測出某支股票可以由 50 元漲到 100 元，但是漲到 60 元你就抱不住賣掉了，那是不是也不用測了呢？又如果你抱住了，結果後來最高漲到 95 元，你還在等 100 元，價格永遠沒有來，最後行情還回頭，讓你賺更少。甚至抱上去又抱下，那不就得不償失。測量永遠都會有準或不準的時候，你怎麼知道這次測量是準還是不準？那麼期待目標測量不就不切實際，不如回歸到盤面，知道出現什麼狀況要出場就好了，這樣子行情大就會賺得多，行情小也自然可以全身而退。

重點是，不論整段行情的最高最低你有沒有辦法全部做到，如果你可以找到一個，每次都較穩可以賺整段波段中間 8 成的方法，這比每次都要猜高低點，還來得有價值！

記住，操作只是要做到我們容易掌握的部分，然後堅持重複，那麼績效就會很驚人！

15. 大口數賺小點數

很多人在常常看到一些獲利很不錯的對帳單，就覺得非常的興奮，但你注意看，他可能是透過大口數 100 口或者是 100 張，去賺小的價差，譬如說他買了 100 口期貨然後賺了 10 萬，你覺得獲利驚人，但是事實上一口只賺了 1,000 元，這樣的獲利值得讚許嗎？

事實上這並不是很好的操作模式，用台指期來說，一口只賺了 5 點，但如果他能抱到更好的出場點位，這一口可能可以賺 200 甚至 1000 點，那獲利就會變成 400 萬到 2,000 萬，也許你覺得賺 10 萬很好，但是如果賠 10 萬你就會覺得不太好了。

所以想要獲取這種蠅頭小利的下場，就會伴隨著巨大風險，隨著你口數的放大，想對的來說，你的風險就等比例的放大，所以也許賺那個小小的價差，應該很迷人，但是行情永遠都是伴隨著風險，那樣子大口數的風險有可能就是一般人沒有辦法招架的，但是一般投資人會陷入，「反正我只要大口數下去賺一點點就跑了」這種心理心態。

如果我們來控制既有風險，再來做這件事那可能才會比較適合，好比說，這 100 口我們最多就只能賠 10

萬，那麼我們就不應該滿足於這 100 口進場獲利也是 10 萬。因為這樣賺賠比例變成 1：1，如果一樣的風險，但是獲利可以拉升到 100 萬，那麼風險報酬比就變成 1：10，如果是剛剛舉例的 400 萬到 2,000 萬，那就會變成 1：40 到 1：200，這件事在資金配置的章節我們提過了，只有風險報酬比拉大，你才容易去承受風險，既有風險 10 萬沒有擴大的狀況之下獲利卻增加 10 倍，甚至 40 倍～ 200 倍，才容易大賺小賠，因為操作不是 100％ 獲利的，你必須留下容許自己錯誤的次數，才能讓自己存活久一點。

你以為 100 口賺 10 萬很多了，事實上賠 10 萬也一樣容易 ，那如果勝率 5 成的話，你不就很容易賺賺賠賠，不就是等於一直做白工。

因此要放大口數，除了操作系統要非常熟練以外，就是必須考量到，口數放大以後，風險跟著放大，這種風險是我們有辦法承受的嗎？如果沒有辦法承受，口數就不應該放大。這就是大口數賺小點數的迷思！

記住，操作就像一場馬拉松，我們要想如何一直存活在市場上，才可以繼續在市場上掌握下一次獲利的機會！

16. 一的威力

　　當你學會一個操作系統，開始進場以後，你會依照操作系統的買點進場，然後持有，續抱一直到獲利出場，完成了你第一次完美的操作，而這一次完美的操作經驗，我把它稱為「一的威力」。

　　所有的交易，都是一筆一筆這樣子交易的累積，也包含了第一次的停損，每一次的交易，就在這樣子一次又一次的堆疊中，如果是正確的交易，就會在這一次又一次的累積中增加獲利。

　　用正確的方法進場然後獲利的過程，只有你真正體會到這件事以後，把這種經驗內化。這就像打球投籃一樣，當你的投進籃以後，會有那種手感，也就是你知道怎麼樣投，那種感覺是很容易進的。在操作裡頭，就是讓你明白知道怎樣做會獲利，把那種體會記下來，那麼將來他就可以再繼續被複製，所以為什麼「一的威力」這麼重要。你擁有了它，你下次就可以讓他不斷在發生，那麼是不是就可以一直不斷的產生好的成果。

　　這件事在停損也是一樣一體兩面的，你有了第一次正確停損的經驗，我說的是正確的，而不是胡亂停損的經驗，這種經驗我們一樣去體會它，並且把它化為我們

的經驗值，那麼未來的停損，我們就會非常的清楚明白知道為什麼要這樣做，這樣做對我們有什麼好處，也只有體會到這件事，以後停損不會怕痛，而且可以為了未來的獲利做更好的準備，在停損方面一樣有這「一的威力」。

武俠小說裡頭常常有那種角色，他什麼招式都不會，像是天龍八部裡頭的段譽，剛學會六脈神劍的時候，他沒有辦法把 6 種神劍都運用妥當，當他戰鬥的時候，他捨棄掉其他 5 種，專使用一種，反而讓他克敵制勝。有很多其他類似的角色，本身資質平庸，甚至很駑鈍，但是遇到貴人提點，只教一招，他也很聽話，乖乖練功，變成稱霸武林的翹楚。

這種觀念放在現在，有部漫畫叫「一拳超人」，他也是只有一招，就是一拳把對方擊倒，我雖然沒看這部漫畫，不過主角跟我一樣都光頭，讓我心有戚戚焉！

把一套招式練得很熟練，一定是比把好幾招練起來更容易，而且把一招練得很強，那就叫做絕招！

你想學絕招嗎？那就把一招練得很強吧！

17. 操作就像一場馬拉松

　　在這章節我一直提到操作就像一場馬拉松。我一直覺得操作可以體會人生，因為操作在很多層面真的跟我們生活週遭遇到的事情很類似。前一陣子很流行馬拉松路跑活動，你想要把馬拉松全程跑完，第一個你必須具備非常足夠的體力，要不然一般人沒有練習就去跑，一定會很容易出問題，體力不支，甚至器官衰竭，那不是沒有跑到終點而已，甚至可以讓你這個人陣亡。我們在學習操作，進入市場也是如此，沒有人希望進入市場後，就畢業陣亡的，所以才需要不斷鍛鍊自己，也就是儲備足夠的操作技巧和操作實力，你才可以上場。

　　而且進入市場後，也不會有人只交易一次，既然如此，你的操作次數累積起來，就像是一場馬拉松，跑馬拉松需要體力的分配，在操作裡，就像是資金配置一樣，如果沒有配速，就在全力衝刺的話，你不可能跑得完全程的，你必須保留體力，也就是一直保存下一次都還可以進場的資金，才可以應付每一次的突發狀況。

　　當然跑馬拉松也是可以有衝刺的時候，在操作裡頭就是當你發現你手上的部位是正確的，所以你加碼或擴

大部位讓獲利繼續放大，然後一路上一個一個的超越其他對手，在操作裡你沒有其他對手，唯一的對手就是你自己，你一次一次的進步和獲利，你就讓你自己的馬拉松里程不斷的往前推進。

你每一次經歷的停損，就像是你到了馬拉松的中繼休息站，讓你的旅程停擺一下下，但休息一下，準備好了以後，再繼續上路，這些休息是必須的，你沒有足夠休息，怎麼會有力氣跑完全程！

也許你進入操作市場後，沒有所謂馬拉松到達終點的那一天，除非你離開市場，要不然你就會一直在這個賽事裡頭，既然如此，絕對不是跑多快，而是可以活多久！還沒贏就要先想不要輸！只要沒輸，就有下一次機會可以贏。

別忘了操作就像一場馬拉松！

18. 靜坐與操作

　　靜坐聽起來很像宗教活動，事實上他只是一種訓練心靜下來的方式。而且想要操作得好，心靜是很重要的，你心靜下來，你看行情就會清楚，你抱這部位就會冷靜，你賣出後漲或跌，也不容易心情起伏，而靜坐就可以幫助我們操作達成這些事，因為靜坐可以讓我們的腦波穩定，腦波穩定思緒就清楚，判斷力就會好，而操作需要的就是冷靜，還有明確的判斷力，果斷的決策能力。

　　一開始練習靜坐可能會覺得非常的煩躁，靜不下來，所以一開始的時間不用太長大概 3 分鐘到 5 分鐘即可。可以從一天 1 次到 3 次，有空就是一天從 5 分鐘慢慢進步到 10 分鐘，甚至 30 分鐘，我個人推薦看的書是楊定一博士的《靜坐》。裡頭用很科學的角度和很多面向來說明「靜坐」對人的幫助，這目的也只是要讓你理解靜坐這件事而已。

　　事實上靜坐不需要理解，就只是做而已。你也可以在 YouTube 上看到他帶領靜坐「瓶子瑜伽」的影片，大概 8 分鐘，開始練習一陣子以後，可能是幾週，可能是幾個月，你就會有感受覺知，察覺到靜下來的感覺，這是一個長期的練習，而不是一個像特效藥一樣吃一次就

結束的活動。

　　簡單的做法，一般只要在普通的座位坐正、坐挺，然後手放在膝蓋上，脊椎骨打直，閉上眼睛，很自然地就坐著，什麼都不要想，雖然很容易思緒紛飛，因此可以透過數息，觀察呼吸的「進」和「出」去品嚐呼吸，慢慢地吸，慢慢地吐，一切都很自然，不用刻意，不用為了什麼目的，不用達到什麼目標，就是只是做。

　　坐久了會自己感覺到效果出來，而且不只在操作，在生活的各個層面都會有啟發，都會有正面的幫助，所以我非常鼓勵每個人都去做這件事，因為人生不是只有操作而已，還有很多其他的面向，其他的方面也都好，人生才會圓滿，要不然你就算操作得很好又如何？最後只是窮得只剩下錢而已，雖然我講得很簡單，但是靜坐這件事就也只是做而已，只管打坐而已，如果你想操作的好，那就做吧！不要想太多，也不用問太多，就也只是做這件事而已！

　　你要現在就試試看嗎？而且堅持一輩子做下去！

19. 市場價格的地心引力

我們每個人生活在地球上都受到地心引力影響，地心引力也是牛頓在蘋果樹下發現的，而你知道市場裡頭也有地心引力嗎？當價格的推升，是需要各方人馬，眾人擁護，也就是在技術面產生了價漲量增，價量齊揚。不只是主力和公司派拉抬，還包含了散戶共襄盛舉，這樣子主力要拉的時候才會有人追價，要出貨的時候才會有成交量可以出貨。

但是當出貨完畢以後，價格的下跌，如果爆成交量那就是賣得更兇猛，當沒有人進場，沒有成交量，價格也會自動跌落，這就是市場的地心引力，因為下面已經沒有人在撐腰了，當沒有人撐住價格的時候，價格就只能往下走。

你想想，如果今天有一個拍賣會，50 元起標，當大家都想買的時候，價格就會越標越高，這也就等於市場上的價格被推升；如果今天有一個商品從 50 元開始起標，但都沒有人競標，這次就流標了，但如果你想要賣出去，你是不是就可能改為 45 元起標，還是流標，再往下修正，還是流標，所以價格就越來越低，這跟市場行情一樣，當沒有人願意接受這個價格，想要買的價格

就會越來越低，價格也就持續往下跌。

　　像高麗菜盛產的時候，都沒人要的時候，價格是不是也會越來越低。一樣的道理，金融市場也是如此，所以當沒有人承接的時候，價格就會像產生地心引力一樣往下跌落，而且越沒人買，跌的速度越快，那如果再加上有人賣的話，那更是加速自由落體，所以為什麼做空的速度價格在跌會比較快，當你放空對了，你很快就可以感受到下跌速度拉開成本的感覺，這就是市場價格的地心引力！

　　你知道嗎？人如果生活在地球上沒有地心引力是很難生存的，也很不方便，就像我們看電影的太空船，太空人在太空艙裡的生活一樣，什麼東西都飄來飄去的，你要拿個東西也不好拿，這是很麻煩的，所以我們能在地球上生存，就是因為我們利用了地心引力所帶給我們的好處。

　　現在你學會了市場價格的地心引力這件事，你也可以利用這件事獲利，因為你知道放空的速度會比較快，你們只要選擇正確的金融商品，那麼就可以享受空頭飆跌的快感，在個股方面我們可以融券放空，也可以利用個股期貨，還有個股的權證；在指數方面，可以用指數

期貨，大台指、小台指或者選擇權，這些都可以做到放空，不過必須要考量到各種商品不同的槓桿，以及自己能夠承受的風險程度，這和我們前面講的並不會衝突，可以接受最大程度的虧損以後，才可以進場。

　　這樣子我們才可以進化為多頭可以賺，空頭更愛賺，這也才是一個操盤手需要具備的完整實力的表現！

放空往往賺得快

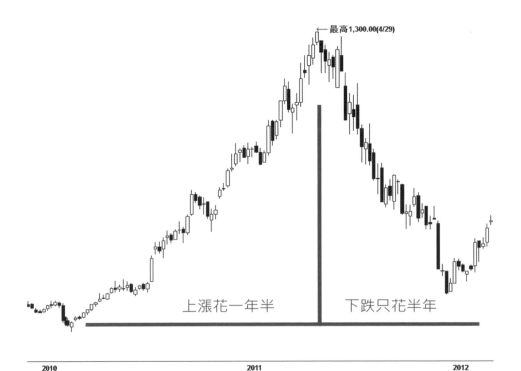

資料來源：凱衛 HTS

20. 自己想操作時，市場就要有行情？

很多投資朋友和學員學了一些方法後，然後就會有一種奇怪的想法，覺得我想要進場，所以市場就必須要有行情來給我做。

這是一種本末倒置的思維模式，也是一種常見的錯誤操作觀念，行情是市場給的，我們前面做了很多的比喻，市場就像大自然一樣，它有它的律動，而我們能做的只有等待，而不是去做些什麼事讓行情發生，所以行情不會聽我們的，只有我們聽它的，它才是老大，我們只能當一個跟班的，跟在後頭。

因此不應該有那種想法，你想操作就會有行情來給你做，如果有，也只是你剛好在那個時候遇到行情，而不是你想要操作，市場就要給你行情來操作。

很多朋友會賠錢的主因，都是因為這樣子的想法，你學會方法了，所以你想要小試身手，就趕快進市場下單，或是你是上班族剛好今天可以看盤了，所以我就要進場來證明我的實力，那麼就是一種控制市場的想法！

沒有農夫想要種稻子，不用管現在是什麼季節，就跑去播種的。只因為他想要收成稻子，難道現在是冬天

去播種也沒關係嗎？稻子沒有長還好，冬天出去很可能會被北極熊吃掉吧！也不會有人想要搭火車，沒有在月台好好等車，只因為想要搭車，就衝上鐵軌的吧！這樣多危險！也沒有人想要搭電梯，不等電梯來就先把電梯門拉開，只因為想要搭電梯，就直接跳進去的吧！你連電梯現在在上面樓層還是在下面樓層都不知道！

所以只因為你想操作，所以市場就要有行情讓你做？

好好等待最佳的買賣點，觀察線圖，做功課，有出現好的點位才進場，這樣才是正確的，而這跟你自身想不想操作沒有任何關係！

21. 大量練習的重要性

我們學習完了操作系統，進入學習步驟的第二階段，開始需要大量練習，大量是有多大量呢？

像我自己當時在練功的時候，每天看盤 10 到 14 個小時，連續 4 年以上，台股開盤時間也才 4 個半小時，當然不可能整天都是開盤時段，那其他時間，收盤的時候要看什麼？事實上不是利用開盤的時間來「看盤」，而是找大量的歷史線圖來練習，那你考古題做得多，你遇到相同情況的圖形，自然容易做決定，自然有信心。

你有聽過 10,000 小時定律嗎？它在說如果你在你的專業領域，花費 10,000 小時的努力，鑽研，研究，那你就會在這個領域中有傑出的表現，回顧一下我那時候練功的時間，每天 10 到 14 小時，連續 4 年以上，每天用 10 個小時計算，10 小時 ×365 天 ×4 年 =14,600 小時，是不是就大於 10,000 小時呢？當時還沒有這個理論，但我卻不經意地完成了這件事。

我想這個道理很簡單，俗話說「學徒也要學三年才能出師」一樣，我們沒有在一個領域用心鑽研，怎麼可以期待在這個領域有所成就，有所發揮。我認為每個人的能力程度都差不多，就算智商稍微有高有低，但是如

果你找一個智商 180 的和一個的智商 110 的來走路，你從旁邊觀察，可以看得出他們兩個有什麼很大的差異嗎？我想應該看起來差不多，也就是說，如果我們要在一個領域傑出，我們下的功夫，付出的努力夠多，我們就會變成這個領域的天才。

依我看，在學習操作，想要爐火純清，歷史線圖至少要看 10,000 張以上，一個週線線圖的大波段從最低點到高點走一遍時間橫跨大概 1～2 年，一段也就算一張，10,000 張以上，而且要把線圖往前推，把後面的走勢蓋住，如你自己身歷其境的時候，會如何的判斷，這樣子的練習才會有效。這種練習都是真功夫，而且沒有辦法經過傳授，就像你練體力一樣，你的體力想練起來，絕對沒有另一個人可以幫你練，然後你的體力就提升了，除非你自己練習；也沒有另一個人可以幫你吃飯，讓你覺得飽，這也就是我為何再三強調大量練習的重要性。

師父領進門修行在個人，跟好的師父學習，可以縮短非常非常多的時間，但如果自己都沒有下過功夫紮馬步，那麼應該很容易風吹了，人就倒了，這個時候你可能又覺得「老師教的不好」，「市場不對」，「運氣不好」，卻不願意把這些抱怨的時間花在好好練功上！你想要在操作上有所提升嗎？你看過上萬張的線圖了嗎？

22. 看不懂的圖不要做

當你學了一套操作系統，你一定很想要趕快進入江湖小試身手，但是初入江湖就是會遇到各式各樣的強匪盜賊，並不是代表你都可以應付，往往學了一招半式後就覺得這些自己都應付的來，大小行情全部都要做，想要這也賺那也賺，這個做的下場就是這也賠那也賠。

我們從火車操作法就看得出來，我們是在挑選特定圖形，也就是有符合的月台才操作，不符合的我們就不要做，因為標的很多根本不差這一檔。

但一般投資人包含學員有一種心態，我想要全部都做到，因為我學了方法。這事實上是不必要的，而且也不重要的，因為只要不符合我們想要的圖形，代表它的走勢就不容易被預期，那我們的失敗率就會增加，我們要的是獲利，而不是想要增加我們的失敗率，所以自然把比較有可能失敗的，不確定的標的剔除。

同時，想要每一檔都掌握到，不就代表沒有好好選擇，好的也做，不好的也做。如果你做到不好的，那它就很容易不是飆股，那麼是不是別人的股票在飆的時候，你的標的就不會動。因為他不符合我們要的圖形。股神巴菲特有講過，「我專門在找 1 尺的跨欄跨過去，而不是想要跨越 7 尺的跨欄」，這就是一樣的意思。

我們如果只選看得懂的圖形操作，那麼績效就會好得不像話，而大多數投資人學了方法，就想要掌握一切，殊不知我們學的方法，只是要學會找那容易跨過的1尺跨欄而已。

還記得我們學生時代，為什麼都要做很多的考古題嗎？是不是就是為了正式考試的時候，只要題目出的和考古題的題目一樣，或是類似，那麼我們就很容易做答，就是這麼一回事而已，我們學操作技巧、操作系統，然後做大量的練習就像做大量的考古題一樣，當行情盤勢又出現類似的狀況，我們就很容易能掌握到。

所以如果下次你有遇到你看不懂的圖形，不用在原地糾結了，去找看得懂的吧！

23. 看線圖時 K 線的數量

在學習技術分析時，我們常常都把專注力放在各式各樣的技巧，或者是技術指標，均線、KD、MACD、威廉，或者是酒田戰法的 K 線型態，還是傳統技術分析的形態學，等等這些方法都有用，學習這個方法也沒有錯，但很少人會注意到，在學習這方面的時候，有一項很值得注意的地方，當我們注意到了它，對我們學習的時候，就會是一件很有幫助的事！那就是看線圖時 K 線的數量。

我們想要對線圖，對趨勢，對行情的敏感度提升，需要用不同的眼光來看 K 線，那麼在宏觀的眼光裡頭，以日線來說大約就是 500 根 K 線，相當於行情走兩年的時間，然後圖形再放大一點，大約 250 根 K 線，相當於行情走一年的時間，最後再放大到 100 根 K 線左右，相當於行情走半年的時間，這樣子就可以在看圖的時候，從宏觀然後進入微觀，從大到小，這樣子對整體走勢的位置才會有清楚明瞭的印象。

分析行情，請注意 K 線的數量：

先觀察 500 根 K 線，再看 250 根 K 線，接著分析最近 100 根 K 線

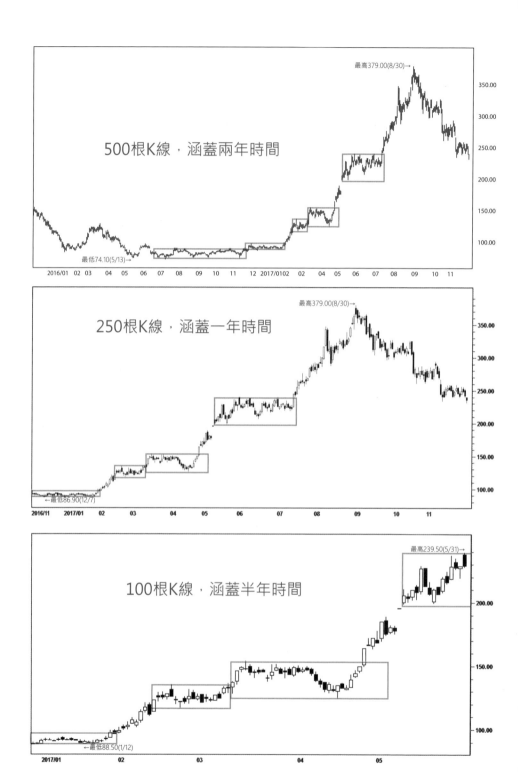

資料來源：凱衛 HTS

我們用 500 根的 K 棒來看這一檔金融商品的歷史走勢，它是從什麼樣的位置起漲或是從什麼樣的位置起跌，可以對這個標的高低位階有一個初步的認識。如果你發現到它已經從一個長期的下降趨勢進入了一個築底的現象，甚至已經開始準備要北上出月台了，那麼我們就可以再把他放大到 250 根 K 棒。

我們來看看目前的走勢是不是已經符合了一些空頭轉多頭的要素，也就是我們前面講過的，「價格波動的定律」，有產生底底高，峰峰高的現象嗎？或者是有產生好彩頭的現象嗎？還是現在是在月台裡頭，等著出月台呢？我們看到這裡大概就已經可以對這個行情的走勢有一定程度的認識，剩下的就是我們要進場的時候，可以放大到 100 根 K 棒來找精確的進場位置以及明確的停損位置。

我們放大到 100 根 K 棒的時候，才會開始注意價格現在是多少錢，這樣子我們才能開始抓成本，以及要用多少部位進場，還有停損的時候風險有多少。從宏觀到微觀，這就是一整串的觀盤技巧，我們可以把這樣子放大縮小的方式熟練，這也是在做大量練習的時候，常常用到的，不過平常很少聽到有人提起這件事。

這就像是我們在看地球儀的時候，我們先找到亞洲，然後找到東亞位置，然後才在日本的下方，大陸的右

方，找到我們想找的台灣。反過來也可以從台灣，看到周圍鄰近的國家有誰，再看到台灣在整個地球與裡頭是處在什麼位置，這個意思就是我們在宏觀到微觀後，再從微觀返回來宏觀觀察，這樣子對整個走勢的清晰度就會提高，而我們看線圖的時候，也會一樣因為這樣的練習，提升我們的操作敏感度！

這事實上是一個學員很容易發生的問題，想要看月台，看趨勢，結果用手機軟體打開一看，K線數量大概只有 20 根，什麼都看不出來，見樹不見林，在這種情況下，怎麼可能學習到正確的技術呢？這有點像是看著方向盤開車一樣，什麼路況都不知道，看著方向盤只知道我應該要直走或是要轉彎，但是重點應該是前面有沒有路讓你直走還是轉彎才是吧？特別提出來！希望你在練習的時候，也能好好運用這個小技巧！

24. 個股與大盤的連動

　　我們在新聞上常常看到今天加權指數漲了多少點，或者是加權指數跌了多少點，或者是今天美國道瓊指數上漲幾點，大陸上證指數下跌幾點等等，為什麼可以這樣子的指數訊息就可以大概了解市場現在是什麼的狀況？明明我們做股票，做的就是個股，怎麼不是去看這支個股到底是漲還是跌，怎麼是去看大盤？當然實際上在操作的時候，還是以觀察我們手上的個股為主，但當觀察市場大方向的時候，加權指數也就是大盤的動向就顯得非常重要。

　　加權指數可以說是我們整個市場股市裡頭的加權平均數，也就是類似班上同學這次考試考出來的加權平均，一些市值佔比較重的股份，就比較容易影響指數的變化，而當加權指數升高的時候，我們可以肯定真的市場大部分的股票都是上漲的，也就是說如果你們班的同學考試都考得很不錯，那加權平均分數一定也會高。

　　個股就會因為大盤這個老大哥的緣故跟著他，因為市場上存在著趨勢，而趨勢是所有人都必須遵從的方向，不論你是主力還是外資，甚至散戶，沒有任何一個對象可以忽略掉趨勢。

當大盤出現明確的趨勢，也可以讓這些作手們，配合大盤的動向，讓個股跟著大盤走。所以大盤漲，股票跟著漲很正常，而大盤跌，股票也容易跟著跌。當然這有例外，因為並不是每一個主力或者是每一檔股票漲跌都會與大盤 100% 的配合。 譬如說：這家公司突然有了併購的利多消息，那可能在短期之內，大盤雖然在跌，股票還是會因為這個利多而上漲，相反的，如果這支股票，剛好出現了負面新聞有說工廠倒閉，還是高階主管離職，或是遇到了一些什麼官司糾紛的重大事件，那明天就算是大盤在漲，股票可能也會因為這些事件的影響而跌停板。

除了這種例外，要不然在其他的部分上個股和大盤的連動是非常密切的。

也就是說你只要能掌握到大盤的方向，基本上，個股就會跟著大盤這個老大哥方向動作，那我們需要做的就是在個股裡頭找到好的進場點。那如果這時大盤的趨勢也是往上，甚至大盤這個時候，也出現了買點，那麼這就是一種雙重訊號的確認，那麼這種大盤也確認訊號，個股也確認訊號，這樣子準確率就會上升很多。

基本上，大盤出現了買點，而個股也出現了買點，

成功率最高；還有一種是大盤出現了買點，過了兩三天個股也出現了買點，這種也還不錯；比較差的就是大盤短線上要準備拉回了，個股才出現買點，那這種就是比較跟大盤不同步的股票，失敗率可能就比較高。

當然也是有的主力要跟市場不同，背道而馳，但如果大盤轉弱，這種股票可能就跟著大盤被帶下來，股票上漲需要共襄盛舉，需要眾人擁戴，但下跌只要人去樓空，價格就下來了，所以大盤漲，個股不見得會跟著漲，但大盤跌，只要沒有人顧的股票，很容易就會跟著跌！這也是個股和大盤連動的觀念。

因此在操作的時候，應該要先確認大盤的方向，再來看看個股精確的買賣點，只要大盤方向是對的，個股再出現買點，買進才容易成功，有時候個股和大盤產生買點時間不會完全同步，有時候會提早或延遲才出現買點，出現在大盤產生買點的前後一兩天，因此除了站在趨勢對的那邊，同時也要站在跟大盤方向一樣的那邊！

不要只著眼在個股上頭，大盤趨勢也是重要的參考指標！

25. 看山是山，看山不是山，看山又是山

我們在修行時候常常聽到這句話，「看山是山，看山不是山，看山又是山」。很有禪意的一段話。什麼意思？當我們什麼都不懂的時候，看山是表象的山，沒有什麼特殊意義存在。而當我們開始深入以後，我們知道了山中有四季，有生態系，有各式各樣蟲鳴鳥叫，還有雲煙飄渺，山已經不再是本來的山了，這就是看山不是山。當我們越來越透析明瞭的認識山的各種面向後，我們更是清楚，山就是這樣多元的萬物組成的，才能形成這樣子的山，讓我們看到！一種圓滿的境界，一種渾然天成的合而為一，這個時候看山又是山了！人生中很多事情都是這樣！畢竟人生本來就是修行。

我們學習操作時也是如此，你初入市場的時候，看K線，看均線，看指標，你什麼都看不懂，他們對你來說就是一個名詞，一些線，一些圖，這就叫做看山是山，這些東西對你沒有什麼特殊意義，只是很表象的。

而當你開始深入學習之後，它們對你的意義開始不同了，本來對你沒有意義的紅黑K線，現在有意義了，吞噬、烏雲罩頂、雙鴉……，本來只是紅黑雜亂交織的線圖，現在因為學習了，這些K線的搭配組合，著眼點

開始不同了，眼中只有Ｋ線組合，看到多頭訊號興奮不已，因為這裡很可能就是起漲點，於是衝動地買進，買進後，Ｋ線型態開始看不懂了，每天都在孕育，都有十字線，好像止漲的感覺，趕快賣掉，結果隔天又開始漲。

　　一定是自己學的不夠，沒關係繼續精進用功。一天又學了ＫＤ指標，這時候之前看的那些Ｋ線型態，又丟到了九霄雲外，眼裡只剩下黃金交叉和死亡交叉，買了就漲，賣了就跌，覺得這才是絕世神功。做了一陣子，奇怪？行情大噴出，怎麼ＫＤ指標死亡交叉後，行情還在漲，指標鈍化了，該如何進場？隨便可以賺20元以上的行情，只賺了5元。一定是自己學的不夠，沒關係繼續精進用功。

　　又學了均線，本來覺得畫在線圖上亂七八糟的均線像是一些鬼畫符一樣，現在懂得均線的扣抵值，均線的助長助跌，懂得均線也有黃金交叉和死亡交叉，結果眼裡又只剩下均線了，站上均線買進，跌破均線賣出，本來一張完整的線圖，現在被大切八塊，Ｋ線是Ｋ線，均線是均線，指標是指標，每個都有不同的用法，每個都是獨立的，甚至彼此衝突，這就叫做看山不是山。

　　而當你開始融會貫通以後，Ｋ線不再只是Ｋ線，均

線也不再只是均線，指標也不再只是指標，他們融合在一起，又變成了一開始的那張完整的 K 線圖，但是它們所表達的意義跟你剛開始學習時，已經完全不一樣了，你開始聽到市場跟你說話，你開始發現這些東西，各司其職在發揮它們應該有的功能，這些你學習的東西，在告訴你「我不是只是獨立存在」 然後開始透徹的理解他們背後的含義，及他們想要表達的意思，這時候看山又是山。

我知道每個人經歷過這段時間的長短都不一樣，但這種心路歷程，絕對是每個操盤手都會經歷過的，從剛開始進入市場，開始賠錢，開始找方法，然後開始學習，然後開始練功，最後進步，才開始獲利，然後再回頭來看當時走過的點點滴滴， "看山是山，看山不是山，看山又是山"。

所以我說操作可以體會人生不是嗎？

26. 你為什麼想要進入市場？

　　你為什麼會想要進入金融市場？我想這個問題，問出去百分之九十的人，一定會回答，因為想要賺錢，那我問你賺錢的方式那麼多，你為什麼會覺得進入金融市場賺錢就很容易？你可以去上班也可以賺錢，你可以去做生意也可以賺錢啊？為什麼選擇金融市場？因為金融市場不用門檻，只要我去開戶就可以下單，你不用跟任何人交代，不用聽命令，不用被別人管，你就只要拿起滑鼠，點幾下，你就可以獲利了，是這樣嗎？

　　我一直認為這個問題非常的重要，如果你只是想賺錢，而且這賺大錢，那不是應該要去做生意嗎？你看 apple，你看郭台銘，某一些生意很好的店，不是賺的也不少嗎？甚至比一般小資族，每天當沖賺便當錢還來得多不知道幾倍。

　　是因為你覺得做那些事情很困難，困難重重。認為用手機下單很簡單，所以你以為可以做的來。你的上班時間不允許你去做那些生意兼差，但是你的上班時間可以讓你找到時間，溜去廁所偷看盤，偷下單？

　　事實上如果你認為進入市場賺錢就很容易，那就代表你一開始就抱持著不正確的觀念，試想郭台銘，他不是全

台灣錢賺最多的人嗎？為什麼你沒有覺得你會跟他一樣？你若跟他一樣你不就可以賺很多錢嗎？那為什麼要進入金融市場呢？因為你覺得他會的東西你不會，你做不到他做的事，那麼你憑什麼覺得，你進入金融市場，你就做得到這些操盤手贏家們做得到的事呢？這兩件事情不是一樣的嗎？為什麼會有不同的想法？

　　我認為要金融市場上操作的好，你不能只是想賺錢而已，你必須要對做這件事情有熱忱，感到有興趣，對於看枯燥的線圖也覺得很有趣，講到這一點，我知道很多人做不來，那麼你怎麼能期待你會把操作這件事情做好呢？

　　股市教父胡立陽常常在書中和演講中提到，投資股票是很有趣的事，你可以注意一些新聞，然後每天在生活找到了樂子，也就是他幫這些散戶投資人重新定義了投資股票這件事，讓他們不會只在賠錢和賺錢的漩渦裡頭打轉，讓生活多了一點情趣。我聽到後真的是很佩服他給投資人的鼓舞，他在證券公司當副總裁，一定看過很多很多前仆後繼的投資人進入市場以後都慘賠離開了市場，所以他會希望這些茫茫然的投資人，不要只是為了追逐金錢踏入這個吃人的市場，而且還沒有下任何功夫，做任何的努力。

　　我自己平常也不鼓勵別人進入市場，因為我知道要在

市場裡成功的人一定是少數，因為進入市場要像我努力練功的人也是少數，你沒有在這個領域下過功夫，你憑什麼用幾個月的時間能賺別人工作 3 年 5 年的薪水？

講到投資的理財就跟金融市場脫離不了關係，如果你的目標只是要比定存好一些，然後穩健低風險的讓資產累積成長，那我就會建議你去做股票的定期定額投資，那是不用學習操作，簡單又可以讓資產越來越成長的方式。

但如果你是想進市場尋找一夜致富的神話，那我會建議你應該要去買樂透，反正這兩種事要發生的機會都不是很高。

那如果你是想要在市場獲取超額報酬，人家穩健的一年賺 5%，你想一年賺 50% 甚至 500%，而且你願意下功夫，讓自己在這個領域有一些成果，那麼你必須要找一個好的老師學習，然後自己肯靜下心來扎實的練功，有朝一日才有可能達成你這個目標。

但是你應該要做最壞的打算，就是如果你努力了卻沒有辦法達成這個目標時，你該怎麼辦呢？是不是日子還是要過，飯還是要吃？既然如此就別讓操作變成你生活的全部。因為生命還是有很多美好的事情，值得我們花時間投入不是嗎？

27. 一樣是進場，你是戰戰兢兢還是冷眼旁觀？

當你看到操作系統產生的訊號，告訴你可以進場的消息，你也進場了，請問這個時候你的心情是如何呢？你是戰戰兢兢的，怕行情往下跌，停損，還是戰戰兢兢的，看著行情上漲，回檔，深怕他一下子就不漲了。

一般投資人和操盤手有一個很大的差別，就是一樣都是進場，一般投資人會很期待或者是很緊張，期待這次會獲利，又很緊張怕這次賠錢，操盤手一樣做這件事情，但卻是用一種比較抽離的態度在看待這件事，抽離的看著行情發生，不論是獲利還是停損，就只是看著這件事發生而已。然後清楚的知道，什麼情形發生要用什麼方式處理，這樣子就不會讓情緒影響到操作，因為我們從一開始就有明確的操作系統進出計畫，所以有那些期待和擔心害怕，都是可以不必要的。

你要把進場視為一種開車上路的狀況，你不會因為開車到目的地，你就對你今天開車這件事情異常的興奮，你也不會因為迷了路，就自責到把車子砸了，因為你知道只要找到對的路再前進就好了，也就是說獲利的時候，視為這就是好好遵循操作系統所可以得到的回報，也是自然的成果，而停損的時候，知道要退出休息，

掌握下一次就好了。一般投資人進場後，心裡有種不確定感，操盤手進場後，心裡有一種篤定感！兩句話，就把操盤手的心聲全部道盡，如果你沒有其他枝枝節節的想法，那麼恭喜你，你就可以進入操盤手的心態領域，因為操作從來不是一件複雜的事，當你可以讓心態上簡單單純到這種程度，那你的操作實力和心態就會更上一層樓！

28. 學會方法以後，越笨越好

如果我們今天學習到一個操作系統，就如我們前面所講的，用了 4 個階段的步驟學習並且優化，讓我們的操作系統變成你一個有效，獲利能力強，而且簡單的操作系統，那麼到這裡，你應該要做的事情就是重複不要間斷的去執行這個操作系統。

如果它已經可以進入不用優化的階段，那就不要再去聽一些似是而非的方法，或者是看一些媒體炒作的新聞或是節目，或是聽朋友們講的哪支股票會漲的故事，反而只要再繼續重複不要間斷的去執行這個操作系統，很像是愚公移山的樣子，就每天都重複的拿著小鏟子挖一點土，一點一點的挖，每天每次都一直重複做一樣的事，也許人家會笑你笨，但在操作裡頭，如果你可以一直堅持持續不斷的做這件事情，你就會笨得績效很好，一般投資人操作不好，往往是相反的，不是因為他笨，反而是因為他太聰明了，所以總認為有更好的方法，總認為這些消息都應該要涉獵，總認為自己是對的，總是有各式各樣自己的意見，灌注在自己的操作裡頭，結果自己在操作裡頭的意見一堆，還不是別人給的，是你自己。

我們學會方法，不就是為了獲利嗎？但是當我們學會方法以後，卻開始變聰明了，開始自己下指導棋，操作最忌諱就是自以為自己是對的，還不認錯！那麼這些看似聰明，實則愚笨！而看似最笨的，只會單純一直照著方法做的人，他獲利最大，最輕鬆。

　　所以你想當哪一種人呢？

29. 股市操作最大的祕密

　　你想知道操作裡頭最大的祕密嗎？所謂最大的祕密就是，可以讓你操作時，以小搏大，獲利倍增的方法。這就是像是蓋世神功，就像是必殺絕技，像是神劍一出天下無敵的秘密。如果我告訴你這個祕密，你想聽嗎？

　　知道這個秘密可以讓你少賠很多錢，可以讓你賺很多錢。這也就是像是各行各業的眉角！你覺得你去餐廳老闆會告訴你食譜配方嗎？如果這件事是真的有用有效，你覺得價值多少錢呢？100萬？1000萬？

　　而現在我要告訴你的祕密就是這樣子的事情，這個祕密分為心法和方法，方法有很多很多種，我在本書前面章節提到的就是其中一種，而心法則是最核心的內功！

　　江湖一點訣，說破不值錢！但絕對不要小看這些看似簡單，卻意義重大的觀念，這些內容絕對是文字簡單，但體會後意義非凡！

　　你想要一買就漲，感覺在市場上呼風喚雨，好像市場是為你開的一樣，說漲就漲，說跌就跌，這件事是這個秘密嗎？不是，這是作夢！這不是務實的做法，而且

這件事也不是最重要的事！

你想要增加獲利，在股票市場裡頭，你一定會想到說要買到飆股，恩！這件事很加分！但也不是最重要的事，事實上有沒有找到飆股，並不是讓你操作變成大獲利，最主要的事情。

既然提到了找飆股，這也是很多朋友想要了解的事，這裡就簡單分享一下，如何找到飆股？

既然要成為飆股，它一定有一些跡象，我們把飆股的歷史線圖叫出來，這邊所謂的飆股，至少漲一倍，沒有一倍就是一般股而已。而這些飆股產生的跡象是什麼？答案就寫在線圖裡，透過觀察這些歷史飆股，你會發現飆股起漲前長的都有特定的模式，既然這樣，就像我們前面操作系統所教的，找到固定，特定的圖形，當長這樣子的圖形又出現的時候，那這時候我們進場的成功率就會大增，買到飆股的機會就會升高，但是剛剛說了，找到飆股只是錦上添花 ，每一次的大盤啟動，要找到漲一倍以上的股票不難，但要利用這樣的股票創造大獲利就是技術了！也就是接下來要講的部分！

操作最大的祕密是什麼？現在公佈解答！

你想要創造高報酬率，那麼只要虧損的時候部位縮小，獲利的時候部位放大，長久下來你的績效就會十分驚人，而且有機會有短期致富的機會！這就是操作裡頭最大的祕密！

「想辦法降低損失，盡可能增加獲利！」

什麼！這是廢話嗎？你覺得這沒什麼嗎？

如前面所說，如果你開兩家店，一家在賠錢，一家在賺錢，我們會把賠錢的店收起來，留下獲利的店。你把賠錢的店收起來，這叫做控制虧損，盡可能降低風險；但只留下獲利的店，可以讓你獲利，但不會創造高報酬率，如果我們把獲利的店再開一間，甚至再開好多間，那是不是就可以放大獲利，把獲利的店擴張，才可以有效並快速增加獲利。

的確，操作技術很重要，透過學習操作系統，可以把需要的技能學起來！沒有方法是沒有辦法操作的很好！你說都不用學習方法，然後還可以操作的很好，我也不相信！但學習操作技術到某一種程度就可以了！也就是說確認一個操作系統有效可以執行，確認這個系統可以大賺小賠，基本上就可以上場了，剩下的是優化，讓它變得更好而已。

這件事是基本功，所以一般投資人花時間很多時間找到技術，學到方法，花心力把基本功練好，這是必須的，也應該做的。很多投資人沒辦法在操作上大賺小賠，的確是因為沒有學到正確的操作技術，也就是沒有操作系統的問題。所以如果你缺這塊，當然需要學習這塊，如果你沒有操作系統，還不學習，那後面的也不用談了，其他也不用說了！你知道了操作裡最大的秘密也沒有用，因為你連車都不會開了，去學如何把賽車開到最快，變成世界冠軍的技術有何用？

我們在資金控管這個章節，說得很清楚，如何控制虧損，並且擴大獲利，如果你想要獲得超額報酬，我們除了第一個月台進場，第二個月台可以加碼，那如果第三個月台、第四個月台……也都加碼呢？那是不是，就在獲利狀況下不斷擴大部位，而風險只有一開始一個部位的停損金額，是不是符合 "盡可能降低損失，盡可能增加獲利"！

當行情結束反轉的時候，大概只有最後一次加碼停損，以及倒數第二次獲利回吐，或是損益兩平出場！其他部位都是獲利的！那你算算看，如果買到最低點，然後你只有買一個部位，然後賣在最高點，你的獲利有辦法大於這樣層層加碼上去所產生的獲利嗎？

所以有沒有買在最低點和賣在最高點根本不重要，有沒有達成「盡可能降低損失，盡可能增加獲利」才是最重要的事！

　　關於操作裡最大的祕密，已經告訴你了，不知道你能體會多少，你體會得越深，你就能產生更多的方式來達成這件事！人很奇怪，往往不會珍惜這種輕易得到的寶藏！你願意付出多少代價來換這個秘密呢？如果你花費了很多錢，學到這件事，你就會很珍惜！但現在你輕易的了解到這件事，很多人就會覺得廉價，不值錢！甚至覺得「這些我本來就知道了」！那不就被我說中了，你都知道了，你還沒辦法透過這個秘密獲利，那就代表你根本沒有體會！知道卻沒有體會，等於不知道！

　　我希望你是聽完這個祕密後，真的能靠這個觀念獲利的人！

30. 師父領進門，修行在個人

　　這個章節終於進入最後一小節，操作心法的觀念還有很多，我也盡可能把想得到的部分，從大腦中轉化成文字！開始傳達後我才發現沒有想像中那麼容易！因為很多觀念，對我來說是理所當然，但是對初學者來說，是一個盲點。雖然我也是從新手開始學習上來，進化到現在的程度，但可能很多的關卡或是心態，我突破了，所以對現在的我來說，那些被視為理所當然的道理，或是理所當然就是這樣做之類的，如果你程度還沒跟上，那一定還會遇到很多卡關的地方！我還有表達不清楚的地方，你可以投過 Email 和我討論。但也不是全部靠別人，有些部分老師可以教，有些部分需要自己體會，以及自己走過。

　　現在外面坊間教技術分析的課程非常的多，一般投資人在沒有任何基礎之下很難分辨，哪些課程適合自己，以及這個老師教的到底好不好，後來演變的結果就是看運氣，上上看，那如果運氣不好上了糟糕的課程也只能認了，覺得被騙錢！

　　還有一種人，沈迷於老師的對帳單，但往往這樣子看的人他最後，也不見得學得好，因為他太在意的是老

師績效好不好，而不是在意，這個老師到底會不會教？這個方法到底適不適合自己？例如有很多短線方法的相關課程，老師績效也很好，但是我認為這種短線的方式，基本上不適用於大多數人，也就是很多人就算去學，也很不容易用出來，可能需要反應很快，可能需要盯盤，還有很多原因，總之，在這種狀況之下，你看到老師有很漂亮的對帳單又如何呢？因為那不是你的對帳單呀！

所以我才會跟這些詢問的朋友回答：老師績效很好，你都不會跟他一樣，你可能學會後做得比老師還好，也有可能比他差，重點是老師會不會教，還有你自己學到什麼程度？舉例說：如果今天麥可喬丹要來教你打籃球，我想說他是籃球之神，應該不為過，但問題是你學完，你就會跟他一樣嗎？他教的東西，你有辦法吸收嗎？你程度有到嗎？

像是武林大師要把一家子的傳授給你，當功力灌進你的體內，如果你體質不好，如果你身體練的不夠強，底子不到位，很有可能這樣被灌完以後，就像殘廢了，因為你身體沒有辦法吸收，給你過多，反而變成你的傷害！

196

那這樣不就沒有什麼方法辨識了嗎？倒也不是，可以多看看這個老師給的內容，多觀察他的思維邏輯！是不是表達清楚，自己是不是聽得懂，還有這個老師操作方式是不是符合自己想要的？看看其他學員的學習狀況如何？這裡有個小問題是，很多人其實不知道自己要的是什麼，不知道自己適合什麼操作模式？甚至不知道自己不適合操作！所以自己應該要好好思考一下這個問題，是想在操作達到什麼目標，然後開始找到能達成這個目標的方式。

譬如想每年有 5% 的報酬率，那可能就可以找定期定額儲蓄式的方法，每年想要有 20% 的報酬率，那可以學習用火車操作法，每年想要有 50% 甚至以上的報酬率，那可能就要找到更優化的系統！

想要達到目標要用什麼方式？大波段很輕鬆不用看盤，然後久久做一次，做到的都大段的。還是短線進出，每天賺小錢，想要累積成大錢。這些都是應該自己去考量的部分。本書事實上也有提到不少這些觀念，但在這裡我並沒有要給你任何答案！你需要有獨立思考的能力！你需要好好自己思考過這些問題！才可以找到自己的路！

我們再回來談到本書從操作系統開始學習，然後學會資金配置，最後再談到操作心態，這是一個完整的架構，也是一個完整的循環，彼此密不可分，除了平面式的學習完整操作黃金三角之外，他們彼此之間又息息相關！學習完後，才能在腦中建構起立體螺旋的操作架構！換句話說，也就是融會貫通後，你這些操作架構才會穩固，才能駕輕就熟。所以重複是很重要的，重複次數夠多次才會變成你的習慣和反射動作！

再談，很多人學習之後，還是障礙重重，腦子知道怎麼做，實際就是做不到位，我會建議好好靜坐，靜下來後，把腦子關掉，有時候困擾你最多的是你的腦子，你知道嗎？但這不是三言兩語可以談完的，但簡單來說，靜下來準沒錯，所以好好練習靜坐吧！

再討論到獲利和財富，俗話說「命裡有時終須有，命裡無時莫強求」，佛家講因果和福報，也就是錢財的多寡，可能是命中注定好的，以及前輩子有沒有佈施，這就像是以前把錢存在福報銀行，現在才有得領這樣。那如果我現在很窮，不就是沒法改了嗎？也不全然是，「預知來世果，今生做的是」，你想要你未來好一點，就看你現在都在做什麼而影響未來，佛說：財佈施得財富，你想要有錢，那就多佈施吧！你有聽過「了凡四訓」

的故事嗎？裡頭說，你想要改變命運嗎？「積善之家，必有餘慶」，多做好事，那麼好康的事總是會輪到你。不論你有沒有相不相信這些事，做點善事總是好的吧？那何樂而不為？你做了別人感謝你，你自己幫助別人也開心，也許對你自己幫助最大。盡你所能去做你能努力的部分，然後去接受所有發生的可能，就算結果你可能不滿意！也要全然接受！

　　別忘了，操作是一場馬拉松，你想跑得好，那就得好好學習，好好體會，教練只能在旁邊叮嚀，但下場去跑的人一定是你，希望在這條路上，有我的陪伴，你會順利一點！

　　你會練就你的體力，你會練就你的實力，你會走出屬於自己的路！

在學會股價波動的規律之後，要如何快速篩選大量的投資標的，找到最完美的圖形？本章教你如何用免費的資源解決上述問題。

現在台灣上市櫃公司 1600 多家，要全部看完也是一個大工程，所以如果有快速篩選的方法，那不就可以節省很多時間，當然我還是鼓勵大家在學習階段，盡可能看越多圖越好，所以如果需要看很多股票來選股，我也覺得是好的，因為這樣你就可以做到很多的練習！

當然也有很多人覺得選股實在太累，太麻煩了！所以想說要去做期貨，或是國外商品，當然如果你做得很好，很熟練，那的確是可以不用選，不過通常做固定幾個標的很容易被強迫每段走勢都要做，也就是不是很好的行情也得做，那就容易賠錢。而且，這些商品通常槓桿都比較大，初學者做這種商品，反而把自己暴露在較大的風險當中。

選股的目的是什麼呢？國小的考題和大學的考題哪個比較簡單？做簡單的考題不是比較容易考高分嗎？而選股就可以很容易選出國小的考題，你不是想獲利嗎？

柿子當然挑軟的吃，比較簡單你就比較容易獲利，那你還覺得選股很麻煩嗎？

這裡提供一個免費的選股網站，讓你可以快速的篩選出一些我們想要觀察的股票！這是元大證券的網站，跟這個選股網站一樣的還有元富證券。

進入元大證券的網站，選擇「證券」➡「選股分析」➡「選股專家」

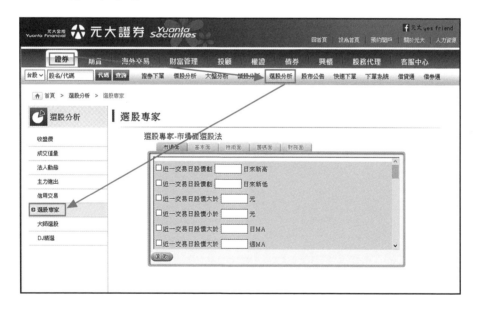

選股條件設定，選擇「市場面」➡「近一交易日股價大於 60 日 MA」，也就是大於季線，這個目的是什麼？

基本上股價大於 60 日 MA，一定會符合底底高，峰峰高，這樣我們是不是就可以找到有合適月台的股票準備上車。如果是空頭走勢選股則是選擇相反，股價要小於 60 日 MA。

選股專家

選股專家-市場面選股法
| 市場面 | 基本面 | 技術面 | 籌碼面 | 財務面 |

☐ 近一交易日股價創 ____ 日來新高
☐ 近一交易日股價創 ____ 日來新低
☑ 近一交易日股價大於 [1000] 元
☐ 近一交易日股價小於 ____ 元
☐ 近一交易日股價大於 ____ 日MA
☐ 近一交易日股價大於 ____ 週MA

選取

　　選股條件設定，選擇「市場面」➡「近一日成交
量大於 1000 張」，成交量要夠大，交易才容易進出，
不會買進後賣不掉，如果量太少，價格起伏有時候
比較大，大家都賣的時候容易跌停，那就會跑不掉。

選股專家

選股專家-市場面選股法

市場面 | 基本面 | 技術面 | 籌碼面 | 財務面

☐ 近一交易日股價創 [   ] 日來新高
☐ 近一交易日股價創 [   ] 日來新低
☐ 近一交易日股價小於 [   ] 元
☐ 近一交易日股價大於 [   ] 週MA
☐ 近一交易日股價大於 [   ] 月MA
☐ 近一交易日股價小於 [   ] 日MA

選取

已選取之條件

1. 近一交易日股價大於1000元   修改 | 刪除
2. 近一交易日股價大於60日MA   修改 | 刪除

☑ 過濾股價5元以下,五日均量在500張以下的 個股

開始篩選 | 全部清除

　　最後也過濾掉 5 元以下個股,這樣才不會選到一些雞蛋水餃股,價格低於 10 元,通常基本面都不太好,不小心容易買到亂七八糟的股票。設定完成按下面「開始篩選」

選股結果						
				符合選股條件的個股有 296 檔		
股票名稱 ⬇	收盤 ⬇	漲跌 ⬇	漲跌幅 ⬇	60日MA ⬇	成交量(張) ⬇	52週MA ⬇
1103嘉泥	12.45	-0.10	-0.80%	12.28	1,238	10.77
1210大成	33.90	0.30	0.89%	33.67	2,399	30.20
1216統一	64.30	0.60	0.94%	63.95	10,493	57.51
1229聯華	32.90	0.00	0.00%	30.75	1,841	25.17
1304台塑	15.45	-0.10	-0.64%	15.12	3,189	14.99
1309台達化	12.55	-0.05	-0.40%	11.29	12,983	10.63
1310台苯	21.05	-0.30	-1.41%	20.62	4,668	20.63
1312國喬	27.10	0.10	0.37%	24.74	8,963	21.68
1313聯成	18.00	0.35	1.98%	16.61	12,612	13.67
1314中石化	15.65	-0.35	-2.19%	14.00	231,808	12.18
1326台化	94.30	3.30	3.63%	93.33	5,584	90.48
1402遠東新	25.45	-0.10	-0.39%	25.10	12,925	24.67
1409新纖	9.85	-0.11	-1.10%	9.66	2,252	9.25
1444力麗	11.00	-0.15	-1.35%	10.95	6,626	9.30
1447力鵬	8.66	-0.08	-0.92%	8.54	1,661	8.33
1455集盛	12.05	-0.40	-3.21%	11.38	8,829	9.97
1457宜進	13.55	-0.10	-0.73%	12.20	3,410	10.86
1463強盛	26.55	-0.25	-0.93%	26.50	1,072	23.54

這次選出來有 296 檔，直接過濾掉 1300 檔趨勢較不正確的股票。我們可以按「漲跌幅」旁的箭頭去排序，可多按幾次，從漲停開始看，強勢的先看，強勢也代表比較容易強者恆強！

也可以按「成交量」旁的箭頭去排序，從量小的開始看，因為量太大通常都是大型牛皮股，買了也比較不容易漲。

有時間就全看吧！學會操作後，不需要每天看，但是練功時候可以常看，這樣對盤勢會很清晰，都知道在漲什麼股票，以及是不是有的股票一直出現在列表裡，那不就是市場在跟你說話嗎？

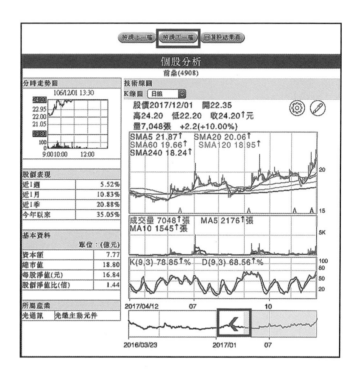

　　我們點個股的名稱進去，可以看到這支個股的線圖，按「檢視下一檔」，可以一檔一檔往下看，可以看比較快。

　　下面的箭頭，可以左右移動，讓我們調配K棒的數量，這樣可以對走勢短中長期看的較清楚。

　　開始選股後，我們可以看到這支股票符不符合月台的樣貌，如果找到值得觀察的個股就列入自己的候選名單，等待買進時機。

選股時不要偷懶，多看圖對自己幫助很大，看久了會功力大增唷！

感謝

感謝財經傳訊方主編的邀稿，讓我有這次機會分享我的才能幫助到更多人，那麼大家能得到幫助就是因為有你，如果內容可以對大家有幫助，讓人少走冤枉路我覺得就值得了！

感謝所有相信我的朋友和學員讀者們，相逢即是有緣，只要肯相信我的人，我就會盡力付出幫助你們，讓你們可以學會！不會辜負你們對我的信任！

感謝爸媽家人和所有人生路上遇到的每個朋友和貴人，帶給我的任何經驗，和給我的任何幫助，因為有你們，讓我得以成長，讓我的人生更完整！

感謝未婚妻 April 的支持和陪伴，這段時間都叫我大作家，給我很大的鼓舞，讓我寫書的時候更有能量，而且體諒我寫書時沒時間陪你，都沒有埋怨，還陪我寫書到睡著，真的很讓我感動。讓我也陪你一輩子，我愛你。

學員分享

劉先生

以前參加電視臺劉ＸＸ，余ＸＸ等投顧老師，他們只告訴你多少買進股票，若下跌了，我不知道何時賣出，打電話去問，服務小姐告知老師要賣出時會通知，結果買的股票一直沒有訊息，慘賠。

現在有江老師教的買賣點方法，即簡單又明確，漸漸的自己可以操盤，沒有那麼恐懼，希望二十幾年的虧損，從現在慢慢賺回來。

但是心魔要先克服，貪利(賺更多)，損拖(賠錢再等幾天)，結果是錯的。要守紀律，就會賺多賠少。

劉太太

我先生最近又著魔了，去上江老師的股票操作技術，這次不知又要賠多少錢。

可是幾個月後，俺老公好像買賣股票有進步，不像以前賺少賠多。也比較有耐心等待買賣點，不隨便亂買賣股票了，頓時我心中雀喜，決定自己也來學一下，賺點外快。

就有意無意的問他，是怎麼買賣股票，結果他說很簡單，三合一買點，買，我試了個把月，真的行。買了智邦，雙鴻.….，都有賺到錢。進出多有本，不再茫茫然，也輕鬆多了。江老師的傾囊相授，我們非常感謝。

Lily

從這陣子上課以來，我已經不會再汲汲於每天一定要進場下單，因為我可以清楚的知道大盤現在的位階（多，空，盤），股票當下的點位適不適合進場，以前沒買到強勢股，常犯「落後補漲」的毛病，結果常常是強勢股繼續飆漲，而自己手上認為會補漲的股票，不動如山，現在我知道強者恆強，永遠要 focus 強勢人氣股，追高殺低並非全然是錯的，以前學的技術分析，比方底部頭部只是看到型態很像，我就會進場作多作空，其實這樣好像還是在猜低點高點，仍然很主觀。

但是上完課之後，我就會先判斷大盤日線是多方的底底高，峰峰高（空方反之），再同樣來判定股票，並輔以個股 K 棒、移動平均線，KD，來決定進場的點位，除了日線看完之後，我會再多看週線，若日線週線能同步，那麼我就更有信心，因為我跟趨勢是站在同方向的

而且這當中關係到我已不必在乎我是否在底部頭部進場，我只跟隨趨勢的變化，我是否在趨勢在剛形成後，我有立刻動作，應該這麼說，在趨勢剛形成後，我已經有口袋名單，準備上車。

Alex

　　我認識老師一年半的時間，那時候我在跟其他老師學期貨，他問我股票還有沒有在做，我說：「沒有，都在做期貨」，但事實上那時候我學期貨也沒有很懂，他問我說要不要用他的方法做股票，我說好啊！來試試看！一開始學，我也還不太懂，但是因為這個方法真的很簡單，加上老師一直反覆的教，所以我就學會了，並且上軌道！

　　這個方法真的不錯，也不用像外面的老師還要花錢買軟體，也不用看其他資訊，全部都只看技術分析點位，學到以後一輩子都能受用！

Mr. 康

　　您的課程真是超讚的啊，真的很感謝您，我每天都看好幾遍。

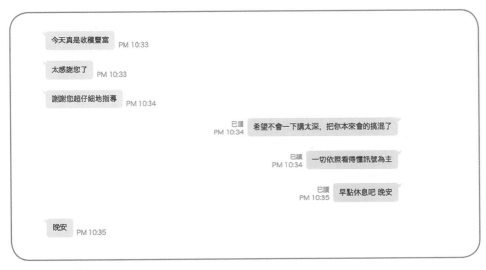

Mr. 吳

　你的課程很讚，讓我回到最初，學了一堆卻忘了基本的東西，飆股的圖也讓我體會到很多，這個 KD 真的很妙，在不同波形有不同的特性，以前沒太特別注意，我 KD 都只注意過高的背離用法，但你的更厲害，還沒過高就進了，我學過很多，就是太多才忘了基本的東西，找到會飆的真的很多， 但抱不了，現在就是抱著守點就好！

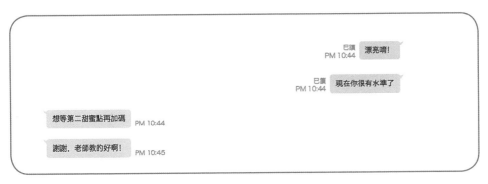

Mr. 陳

剛看過第一遍，覺得你的經驗教學很不錯；希望再多看幾次熟練一些多吸收老師的心法，期望可以學得老師的三成功力改善自己的錯誤觀念，謝謝老師這麼棒的分享。

Mr. 郭

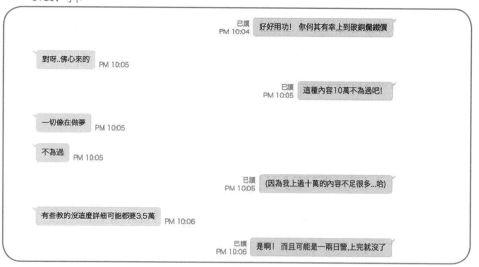

Mr. 廖

Mr. 游

已讀 PM 9:35 這樣到課程內容 覺得如何?

已讀 PM 9:35 有什麼感想

下降趨勢怕搞錯 所以先看上升 PM 9:36

很好 PM 9:36

但是也有讓學生動腦的空間 很不錯 PM 9:36

但是影片要多看就是了 PM 9:37

Mr. 許

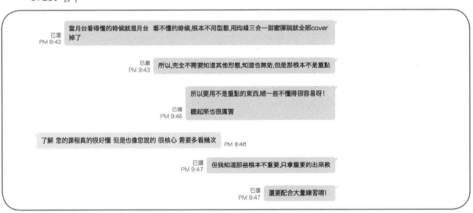

已讀 PM 9:43 當月台看得懂的時候就是月台 看不懂的時候,根本不用理會,用均線三合一甜蜜彈跳就全部cover掉了

已讀 PM 9:43 所以,完全不需要知道其他形態,知道也無妨,但是那根本不是重點

已讀 PM 9:46 所以要用不是重點的東西,唬一些不懂得很容易呀! 聽起來也很厲害

了解 您的課程真的很好懂 但是也像您說的 很核心 需要多看幾次 PM 9:46

已讀 PM 9:47 但我知道那些根本不重要,只拿重要的出來教

已讀 PM 9:47 還要配合大量練習哨!

Miss 顏

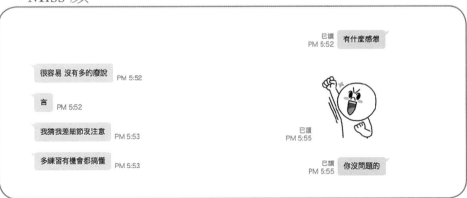

已讀 PM 5:52 有什麼感想

很容易 沒有多的廢說 PM 5:52

言 PM 5:52

我猜我差細節沒注意 PM 5:53

多練習有機會都搞懂 PM 5:53

已讀 PM 5:55

已讀 PM 5:55 你沒問題的

MR. 吳

總損益:369,887 總報酬率:165.80% 應收総
筆數:1(頁次 1/1)

委託日期	股票	代號	成交股數	單價	數
106/06/05	玉晶光	3406	2,000	297.5	玳

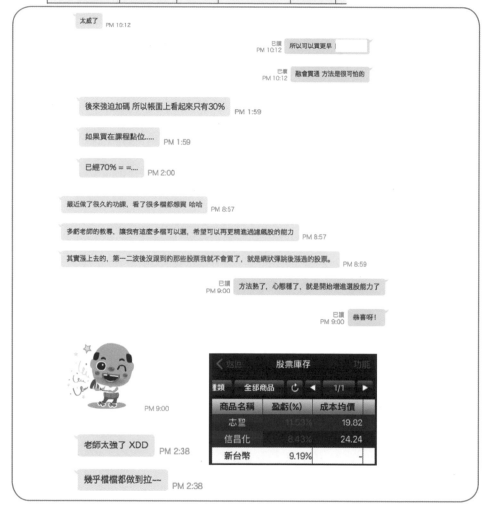

太威了　PM 10:12

已讀　所以可以買更早！
PM 10:12

已讀　融會貫通 方法是很可怕的
PM 10:12

後來強迫加碼 所以帳面上看起來只有30%　PM 1:59

如果買在課程點位.....　PM 1:59

已經70% = =....　PM 2:00

最近做了很久的功課，看了很多檔都想買 哈哈　PM 8:57

多虧老師的教導，讓我有這麼多檔可以選，希望可以再更精進過濾飆股的能力　PM 8:57

其實漲上去的，第一二波後沒跟到的那些股票我就不會買了，就是網狀彈跳後漲過的股票。　PM 8:59

已讀　方法熟了，心態穩了，就是開始增進選股能力了
PM 9:00

已讀　恭喜呀！
PM 9:00

PM 9:00

老師太強了 XDD　PM 2:38

幾乎檔檔都做到拉~~　PM 2:38

股票庫存　功能

重類　全部商品　1/1

商品名稱	盈虧(%)	成本均價
芯聖	11.53%	19.82
信昌化	8.43%	24.24
新台幣	9.19%	--

MR. 陳

嗯，了解，感謝老師，真的是超棒的，錢是其次喔，我獲得了信心!這個無價，哈哈　PM 9:28

已讀 PM 9:28　沒錯! 你講到重點了! 操作最需要的就是信心

已讀 PM 9:29　有信心 有技巧 不怕沒機會

已讀 PM 9:28

已讀 PM 9:29　為你感到高興

老師好，最近有新的體悟，在學到老師的招式前，我對停損很在行，一直在停損，用一些似是而非、心裡安慰的雜亂招式在進出場，所以一直在虧損，這段時間大約是2016年5月到11月中，現在回頭看其實那幾個月有許多的機會與進場點位，用之前的方法竟可以讓我幾乎都處於虧損之中，之後才加入老師的行列，11月中加入，12月中開始進出場，已有小獲利，回頭看這段，不好操作及選股因為剛好已過川普黑k，大盤早已爬升拉高，如此之下竟還能有所獲利，令我驚訝，且停損都能控制在3~4趴內，不像之前一停損是9~18趴左右，新的方法讓我體驗到對停利點的掙扎，我希望每次都是這種掙扎啦哈哈，謝謝老師　PM 4:04

PM 8:30

PM 8:31　聽你分享超級開心的喲! 恭喜你呀! 希望你下一個體悟繼續到來!

已讀 PM 10:04　課程教的招招是寶

已讀 PM 10:04　不是寶的不教!

相見恨晚　PM 10:05

已讀 PM 10:07　沒問題的,來得早不如來得巧!

PM 10:11

219

MR. 林浩克

江老師好.. AM 10:27

您的教學很有效,我目前雖然還沒在國內開戶買股票,不過我用你的方法在國外ETF是有獲利的 AM 10:30

太棒囉～ 一法通萬法通! 恭喜你唷! AM 11:44

我發現..重複複習加上直播中老師一直提到的重點..讓我更熟練 PM 8:39

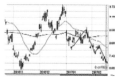

儲存 PM 8:42

已讀
PM 8:39

美國天然氣我有抓到空頭甜蜜點
目前賺18%..續抱中 PM 8:43

老師..在經過上周的練習之後,有了更明確與更清楚的進出場點了,今天把之前買的點位錯誤股都賣掉,只留下正確進場點的..現在反而減少了怕跌的心理壓力 PM 5:44

另外..今天賣掉的那些.在收盤時都跌了,等於我做了一次很正確的停損操作 PM 5:46

讓人間有情社會有愛 哈哈 PM 3:26

PM 3:27

已讀
PM 9:52

多看少出手有保握才出手 PM 3:27

老師教的好 PM 2:15

買的好 抱的住 (守住) 賣的好 PM 2:15

已讀
PM 2:16 你學得很快,肯相信我的一定都麠力付出

以前只有在2008年有買進4倍的 在來都很慘 PM 2:16

還是要要跟老師多請敎學習 PM 2:17

跪
謝
PM 2:17

已讀
PM 9:53 心法會更上一層樓進步唷

謝謝老師一直在發問 PM 6:22

努力跟老師挖寶 師者傳道 授業 解惑 PM 6:25

PM 6:25

Mr 林

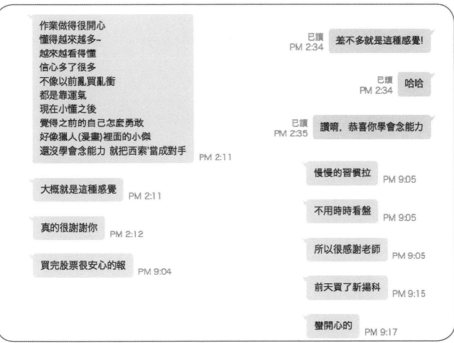

作業做得很開心
懂得越來越多~
越來越看得懂
信心多了很多
不像以前亂買亂衝
都是靠運氣
現在小懂之後
覺得之前的自己怎麼勇敢
好像獵人(漫畫)裡面的小傑
還沒學會念能力 就把西索'當成對手 PM 2:11

大概就是這種感覺 PM 2:11

真的很謝謝你 PM 2:12

買完股票很安心的報 PM 9:04

已讀 PM 2:34 差不多就是這種感覺!

已讀 PM 2:34 哈哈

已讀 PM 2:35 讚唷, 恭喜你學會念能力

慢慢的習慣拉 PM 9:05

不用時時看盤 PM 9:05

所以很感謝老師 PM 9:05

前天買了新揚科 PM 9:15

蠻開心的 PM 9:17

艾德

開勳

我這幾天有進場,目前已經
二根漲停了,等賣出時再和
老師分享 14:39

AM 10:59

昨天直播有講到重點 老師教得好 瞬間領悟訣竅(please!) AM 11:04

6. 14 (Wed)

直播的看完了 PM 2:36

功力大增 PM 2:36

Mr. 鄒

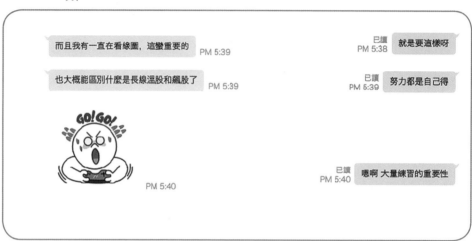

就是要這樣呀 已讀 PM 5:38

而且我有一直在看線圖，這蠻重要的 PM 5:39

努力都是自己得 已讀 PM 5:39

也大概能區別什麼是長線溫股和飆股了 PM 5:39

PM 5:40

嗯啊 大量練習的重要性 已讀 PM 5:40

Mr. 許

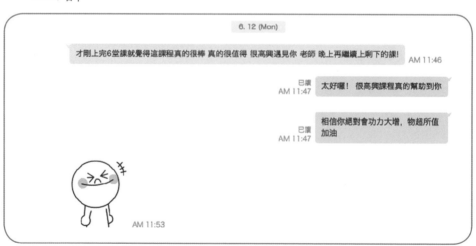

6. 12 (Mon)

才剛上完6堂課就覺得這課程真的很棒 真的很值得 很高興遇見你 老師 晚上再繼續上剩下的課！ AM 11:46

太好囉！ 很高興課程真的幫助到你 已讀 AM 11:47

相信你絕對會功力大增，物超所值 加油 已讀 AM 11:47

AM 11:53

222

Mr 謝

已讀
AM 11:45
所以你知道為什麼課程只教這些,就是全部都是重點,然後就這樣做就好!

對阿　AM 11:45

是很精華的，重點是位置　AM 11:45

是以前的我就會繼續追了@@　AM 11:46

台灣廣廈 國際出版集團
Taiwan Mansion International Group

國家圖書館出版品預行編目資料

不要想太多，把買股當成搭火車就夠了：江禮安的操作之路，獲利300%的大波段月台操作法 /
江禮安
-- 初版.-- 新北市：財經傳訊, 2018.01
　面； 公分. --（view；27）
ISBN 978-986-130-382-6 （平裝）
1.股票投資 2.投資分析 3.投資技術

563.53　　　　　　　　　　　　　　　　　　106016126

財經傳訊
TIME & MONEY

不要想太多，把買股當成搭火車就夠了
：江禮安的操作之路，獲利300%的大波段月台操作法

作　　者／江禮安
編輯中心／第五編輯室
編 輯 長／方宗廉
封面設計／張哲榮
製版・印刷・裝訂／東豪・弼聖・紘億・秉成

發 行 人／江媛珍
法律顧問／第一國際法律事務所 余淑杏律師・北辰著作權事務所 蕭雄淋律師
出　　版／台灣廣廈有聲圖書有限公司
　　　　　地址：新北市235中和區中山路二段359巷7號2樓
　　　　　電話：（886）2-2225-5777・傳真：（886）2-2225-8052

行企研發中心總監／陳冠蒨
媒體公關組／徐毓庭
綜合業務組／何欣穎
　　　　　地址：新北市234永和區中和路18之2號2樓
　　　　　電話：（886）2-2922-8181・傳真：（886）2-2929-5132

代理印務暨全球總經銷／知遠文化事業有限公司
　　　　　地址：新北市222深坑區北深路三段155巷25號5樓
　　　　　電話：（886）2-2664-8800・傳真：（886）2-2664-8801
　　　　　網址：www.booknews.com.tw （博訊書網）
郵 政 劃 撥／劃撥帳號：18836722
　　　　　劃撥戶名：知遠文化事業有限公司（※單次購書金額未達500元，請另付60元郵資。）

■出版日期：2018年2月
ISBN：978-986-130-382-6